高情商职场沟通课

让你能说会做的读心说话术

赵了了

——著——

扫码点目录看视频

四川人民出版社

图书在版编目（CIP）数据

高情商职场沟通课：让你能说会做的读心说话术／赵了了著.—成都：四川人民出版社，2019.10
ISBN 978－7－220－11607－0

Ⅰ.①高… Ⅱ.①赵… Ⅲ.①人际关系学－通俗读物 Ⅳ.①C912.11－49

中国版本图书馆 CIP 数据核字（2019）第 191161 号

GAO QINGSHANG ZHICHANG GOUTONG KE RANG NI NENG SHUO HUI ZUO DE DUXIN SHUOHUA SHU

高情商职场沟通课：让你能说会做的读心说话术
赵了了／著

出 版 人	黄立新
责任编辑	封 龙　冯 珺
技术设计	松 雪
封面设计	松 雪
责任印制	李 剑
出版发行	四川人民出版社（成都市槐树街 2 号）
网　　址	http://www.scpph.com
E－mail	scrmcbs@sina.com
新浪微博	@四川人民出版社
微信公众号	四川人民出版社
发行部业务电话	（028）86259624　86259454
防盗版举报电话	（028）86259624
印　　刷	三河市众誉天成印务有限公司
成品尺寸	143mm×208mm
印　　张	6
字　　数	116 千
版　　次	2019 年 10 月第 1 版
印　　次	2019 年 10 月第 1 次
书　　号	ISBN 978－7－220－11607－0
定　　价	36.00 元

■版权所有·侵权必究

本书若出现印装质量问题，请与我社发行部联系调换
电话：（028）86259454

序言
Preface

在多年的授课经历中,我发现,不少人遇到职业发展问题,都是因为栽在了沟通上。

比如小A,辛辛苦苦干活,总被领导说干不到点子上,每天加班还挨骂;

再比如小B,和同事的沟通上总出现问题,每次跳槽都是因为同事矛盾;

还有小C,做乙方却经常搞不定甲方的需求,被甲方投诉,搞得灰头土脸生无可恋;

……

相信大部分人都发过这样的牢骚:

"领导交代工作的时候压根没说清楚,怎么能反过来怪我?"

"我怎么知道他们要的不是这个,我又不是他肚子里的蛔虫!"

"××就是看我不顺眼,故意跟我过不去!"

也有不少人认为:

"工作做好就行了,为什么要每天去拍领导马屁?"

其实,在职场中,沟通本身就是最重要的工作能力。

从公司来讲,作为一个组织,每个人都是链条中的一环,只有前后搭配好,才能保证整个系统的良性运转,也就是说,一个团队能不能发挥最大战斗力,是取决于沟通带来的协作成本的。

傅盛曾经说过:工作中80%的问题都是沟通造成的。绝大部分工作问题,不是来自技能本身,而是来自沟通。

从个人角度来讲,不善于沟通的人,职业发展一定会遇到障碍。职场沟通将直接影响你的工作绩效、职业前景乃至在一个企业内的生死存亡。

帮助越来越多的人掌握职场沟通的技巧,别让自己的努力输在不会沟通上,就是我出版本书的初衷,希望本书的内容能为广大读者带来帮助与启迪。

2019年7月

目录
Contents

扫码点目录看视频

PART 01　"言"胜于"行"：做得好更要说得好

能说会做，不吃职场"哑巴亏"　|　002

沟通不畅，职场人际矛盾根源　|　010

主动表达，抓住机会展示自己　|　018

沟通表达，有效提升幸福指数　|　025

PART 02　控制情绪：头脑冷静才能说得清楚

情绪隔离：搭建不良情绪的"防火墙"　|　034

腹式呼吸：抑制火爆情绪的"灭火器"　|　042

想象转移：让你的紧张情绪"开小差"　|　050

认知换位：换个角度给沟通"加速度"　|　058

高情商职场沟通课：
让你能说会做的读心说话术

PART 03 有效表达：
如何把话说到点儿上

有效表达之"搞定人"：搞明白你在跟谁聊 | 070

有效表达之"搞定事"：弄清楚你们要聊什么 | 078

有效表达之"搞定内容"：用逻辑和场景来表达 | 083

有效表达之金字塔原理：让别人更懂你 | 091

PART 04 学会倾听：
拉近彼此的心理距离

共情倾听：用同理心创造良好沟通气氛 | 102

倾听漏斗：高效沟通要避免以己度人 | 109

先跟后代：有效影响和改变他人意见 | 116

倾听技巧：给沟通对方留下良好印象 | 123

PART 05 看人说话：
以对象为核心的情境沟通训练

与领导沟通：主动询问而不是等领导来问 | 134

与下级和跨部门沟通：在工作中建立情感连接 | 140

与客户沟通：赢得客户信任的三个要点 | 147

跨性别年龄沟通：认识四种常见沟通对象 | 153

PART 06 就事论事：
以目标为核心的情景沟通训练

学会这四步，再也不怕工作汇报 | 162

有了这五点，谈加薪想不成都难 | 169

掌握三原则，理性化解职场尴尬 | 176

PART

01

「言」胜于「行」：
做得好更要说得好

扫码点目录看视频

高情商职场沟通课：
让你能说会做的读心说话术

扫码点目录看视频

能说会做，不吃职场"哑巴亏"

职场沟通是一个老生常谈的话题。好多人都在说："沟通不就是跟人说话吗？这有什么可学的？"事实上，这是一个很有意义的话题，这涉及会不会沟通、怎么沟通，心情不好的时候怎么沟通，怎么跟客户、跟领导沟通，等等。你可千万别小看"说话"这件小事，因为很多职场人都因沟通能力不足而受到质疑。

我在做职业调查的时候，很多企业的管理者或者人力资源管理部门跟我反映，很多员工都有一个比较突出的问题，就是他们不会沟通、不懂反馈。沟通这个话题，好像已经成为职场司空见惯、普遍存在的问题。事实说明，做好职场沟通真的没有那么容易。

在这些年的咨询和培训经历中，我发现很多人的沟通做得不够好。甚至有很多人并不知道如何去沟通。我觉得这和咱们中国人的传统文化中对沟通和

会做不够,还要会说

你俩今天上午都做什么了?

您问得这么突然,我有点反应不过来,我得理一理才能说清。

我熟悉了设计施工图与设计说明,填写了开工前必备的资料并找相关单位办理了手续。

我马上要去开会,没时间给你理清头绪了,以后要随时对自己的工作内容和进度做到心中有数才行。

沟通在职场是重中之重,有人常因不会沟通而受到质疑,有人却因能说会道而受到领导的褒奖。能够精准表达自己的想法,传递给对方正确的内容是每个人必须掌握的沟通基础。

表达的认知有关联。在职场当中,你的沟通和表达非常重要,如果你说不好,不会说或者不愿意表达,就会上下受气;或者你做出的成绩和结论,没能公开和清晰地表达,可能就得不到别人的认可。

为什么中国人在职场里不善于去表达或者表达总是有限呢?我认为,这和中国的传统文化有关。中国自汉代以来独尊儒术,儒家讲究两个字"中庸"。一谈到中庸,我们似乎就说,做人要中正平稳,要多做事少说话。我们经常用"锋芒毕露""哗众取宠""言多必失""祸从口出"这些词语批评别人太张扬、爱嘚瑟、喜欢表现自己。我们对于说话这件事情,主张含蓄、内敛,有感情、有想法、有功劳要谨慎表达,比如男儿有泪不轻弹,女性有什么事要靠自己、不要张口求助。中国人对于表达、对于去袒露自己的情感以及和别人去进行有目的的沟通、主动表达的事情并不那么认可。

我自己就经历过这种质疑。很小的时候,我就喜欢在学校活动中表演相声、小品,参加辩论赛。每当

PART 01 「言」胜于「行」：做得好更要说得好

我犯了错误、受到挫折或者遇到困难的时候，我的父母、老师或者同学就会异口同声地教导我，给我一个认知或对我做出评价："赵了了，你看，知道你为什么失败吗？就是因为你只会说、不会做，你就只有一张嘴！"哪怕长大以后，我进入培训行业，成为一名企业培训师、心理咨询师，这种质疑依然存在。当我回到老家，很多朋友不了解我这个职业，他们就会说："你真幸运，你看你凭一张嘴，就能到各地去讲课，受到别人的尊重，还能挣不少钱。你不就是靠一张嘴嘛！"

从这些评价和认知，我们可以看出来，中国人似乎总有一个概念：说不如做来得重要。可是，在职场心理学法则中，各种心理学研究证实：在职场，说和做两者同样重要，缺一不可。下面来看我一个朋友的故事：

我有一个特别好的朋友，进入职场已经十多年了，兢兢业业，工作能力也很突出。但他这个人有个缺陷，就是口才不行。他是真不会说，尤其是公开场合，特别紧张。每次当他做出了非常好的成绩、需要汇报和介绍成果的时候,他却张口结舌,说不清楚,没有重点,不知所云。有一年,他带着团队在贵州做了一个很大的项目,效果也很不错。但是在年终述职汇报的时候,和他一样级别的总监,可能人家做得还没有他好,但是说起来头头是道,有逻辑、有层次、有感情,信息传递得非常清晰。

  轮到他的时候,一张嘴就开始汗如雨下,别说逻辑了,连平时正常的表达都变得语无伦次、颠三倒四。他的领导在下面听得也很难受,不知道他要说什么,不住地摇头、叹气。他自己看到领导这副表情,心里更紧张了。后来,他跟我说:"了了,我一看见我的领导在下面听我汇报,一摇头一叹气,我就更紧张了,一紧张就汗如雨下,就更不知道说什么了。"尽管大家都觉得他这个项目做得不错,但当时那个汇报的情景却让人觉得很糟糕、很尴尬,这种不好的情绪和印象也会传递到其他领导、同事的心里去,给大家留下负面的印象。

PART 01 "言"胜于"行":做得好更要说得好

你说,他是不是吃了公开场合不会说话的"哑巴亏"?

其实,像我朋友这么优秀的一个人,在做事时成绩这么好的一个人,却在汇报和表达的时候打了折扣,没有得到和做事一样良好的印象,甚至还有人质疑他的能力。到后来,很多和他同期入职公司,工作了十多年的人,有的已经成了副总,还有的甚至已经成了董事。只有他总停留在总监这个职位上,而且已经整整6年了。

当然,我们不能完全地以一个小概率事件就说明"说"在职场里面有多重要,当然更不是要将"说"置于"做"之上。从心理学的科学角度来看,"说"对于人的社会化非常重要,同样,对于想要更好融入职场环境、建立良好职场人际关系的职场人来说,我们需要充分认识和提高以"说"为核心的职场沟通能力。

心理学有一个分支学科叫作社会心理学。社会心理学的一个重要内容就是社会化。什么叫社会化?人刚生下来的时候,他是一个自然人。自然人的世界里只有自我,没有别人,和外界没有联系。但是人如果要在社会上生存,就必须要社会化,要从一个自然人变成一个社会人。但是,社会化的第一个前提是什么呢?就是语言。

语言是社会化的载体。如果一个人不会语言,没有基本的语言功能,他是无法进入社会的,更不要说在社会上有效地去提升和成长、更好地适应社会环境了。古希腊哲学家亚里士多德很早就说,一个人如果不能正常地和别人进行沟通,他要么是个神,要么是个兽。照这个说法的话,你觉得你会沟通吗?

当然这是玩笑话了。其实我想表达的意思是,在职场这个社会化的环境中,不仅仅是要做好事,你更要去学会表达,把你做的事情说出来。这是第一点。

第二点是很多时候如果你说不好,你的事情也会做不好,因为说和做是相辅相成的。现代社会是一个高度依赖沟通的社会化环境,如果双方或者彼此之间无法有效地沟通、达成共识、明确目标,我们就无法有效地开展合作。

最后,我想强调一点,中国传统文化对于说和做,

PART 01 「言」胜于「行」：做得好更要说得好

长久以来给了我们一个误导，这个误导就是说不如做。可是我们发现，无论是经验分享、述职报告、成果展现、产品发布，还是与同事、与客户沟通目标、计划、执行等，职场中需要表达和沟通的工作场景无处不在，如果不能掌握沟通的方法和技巧，事情是做不好的，即使做好了也可能事倍功半。

所以我们发现，在职场里能够升职加薪、工作业绩和成果突出的人，除了专业能力之外，他们都有一个共同的特点，那就是能说会道。但是，能说会道并不是说他们不会做事，两者之间不是冲突关系，而是相辅相成的关系。

如果你困惑于自己做了很多，也很努力，也有很多成果，但是你依然在原地踏步，那么很遗憾地告诉你，可能是说话和表达能力拖了你的后腿。因此，在接下来的内容中，我的目标就是教会大家不仅能做事而且会说话，因为能说会做才是有效的职场升职加薪之道。

沟通不畅，职场人际矛盾根源

上一节我们从传统文化、社会化以及一些案例，从正反两个角度告诉大家沟通是职场的重要内容。有人会说，这些都是个案或者都是所谓"专家"的危言耸听。但从我大量的调查和走访结果来说，我不得不再强调一遍：在职场，能说会道、表达沟通是你立足职场的根本。不然的话，频繁跳槽，不是在办离职就是在面试的路上这种状态就会是你的常态。

我是学心理学的，现在从事企业培训的工作，主讲针对职场新人提供职业化课程。我经常跟请我到企业去讲课的培训负责人交流关于员工职业化的话题。他们一般都是人力资源部的HRD、HRM，除了培训，他们还要负责招聘、离职等相关环节。

PART 01 "言"胜于"行":做得好更要说得好

我曾经做过一家公司关于离职率和离职原因的调查。

我说:"你们员工离职率那么高,除了员工自主离职以外,有没有由于工作能力不行而被开除的呢?"

他说:"当然有了。"

我说:"那我想做个调查。我想问一问,这些因工作能力不足而被开除的员工,是因为什么原因所造成的呢?"

这些人力资源负责人给出的答案让我大吃一惊:"其实这些人的智商没有问题。绝大部分的原因都是沟通不畅。"

我们可能一直认为员工之所以被开除,一定是违反了公司的某些规章制度,或者是因为工作能力和绩效不足,无法满足这个工作岗位的要求而被开除的。

心理学有一个智商正态分布图,我们绝大部分人的智商都没有什么大的问题。我们进入职场之后,只要有相应的环境和足够的时间,我们都能够比较顺利地完成该完成的工作。而因为沟通不畅而被辞退,这个结果真的出乎我的意料。

我继续追问:"沟通不畅都有哪些具体表现?"

所谓的沟通不畅,就是上级给你下达一个指令,你做了错误的理解,而你没有反馈,导致最终做出来的结果不是领导想要的。或者是你作为一个下级,你的成果做得非常不错,可是你在最终呈现和汇报的时候,让领导觉得你的东西做得很糟糕。类似这样的情况,可能都会引起领导或者上级对你的不认可,久而久之会造成你的工作失败。

也许有人会说,这只是一些个案,甚至是危言耸听。我们来看一看职场当中截然不同的两种人,看看为什么能说会道的人更容易得到提拔和发展的机会,而沟通不畅者往往面临被辞退的风险。我们来看这样一个非常经典的案例。

> 有两位销售人员,两个人在能力相仿的情况之下,在与领导做工作沟通和工作汇报这两种常见的职场情境中,一个是茶壶里有饺子,壶口够大,还很精细,他能够清晰、准确、富有情感地把他的饺子一个一个

PART 01　"言"胜于"行"：做得好更要说得好

如数家珍一般倒出来放在领导的面前，另外一个人，壶里也有很多饺子，饺子的质量也一样好吃。但他的饺子放在那个壶里不会倒出来，需要领导自己去打开壶盖，然后把饺子一个一个拿出来看，可能在拿的过程当中会烫手。

茶壶里的饺子——肚里有货倒不出，这句歇后语非常经典。饺子是什么？饺子就是我们工作当中做出来的成果，如果你倒不出来，还需要领导自己去看的话，就是失败的。领导累不累？领导也是人。所以我们说，一个人在职场里，能够把你的成果做好，而且还能够清晰有效地予以展现，不用领导或者同事那么累那么忙地去看饺子才是正确的做法。请问，二人中谁更容易得到领导的重视和提拔呢？答案不言而喻。

我要强调的一点是，在职场这个环境当中，你很有可能因为沟通和表达能力的不足而被刷下去，也有可能因为你沟通和表达能力的不足无法得到重视和提升。除此以外，我们更能看见，在职场当中如果你不能有效地表达，人与人如果不能有效地沟通，就会产生关系误区。

什么叫关系误区？就是你和我之间会产生误解，特别是在关系层面上，其特别容易出现在跨部门同事身上。社会心理学家曾经做过一个非常有意思的数据调查，调查结果表明在职场当中，72%以上的人际矛盾是由沟通不畅所导致的。

两位销售经理要竞争一个销售总监的职位，竞聘时间一个月。在竞聘期间，有一天，A经理看见B经理进入了总裁办公室，和总裁聊了整整十分钟，然后一脸春风得意的样子出来了，还对着A经理笑了一下。A经理心中突然一阵忐忑，一种恐慌感油然而生。他觉得B经理可能进去跟领导说了自己的坏话或者私下达成了什么共识。

这是A经理对B经理的认知或者对这件事情的看法，但是不一定是事实。但是，当他有这样一个误区和误解之后，A经理并没有直接和B经理取得沟通，而是把这样一个想法当作了事实。在接下来的时间里，A经理处处觉得B经理都在针对他，觉得此次竞聘他

PART 01 "言"胜于"行"：做得好更要说得好

一定会失败。为什么呢？因为A经理认为B经理上次进总裁办公室已经和总裁达成共识了，私下达成协议了，再怎么努力都没用了。于是，A经理选择了懈怠和放弃。

可是在最终要选择总监职位接替者时，结果却出人意料，竞聘者居然只有A经理一人。按照规则，A经理将获得总监职位。但是总裁表示，他对A经理在这段时间的表现感到非常的失望，最终给A经理的结果是待定。原因不言而喻，在竞聘期间，A经理表现得如此消极和懈怠，与这个职位有差距。

更令总裁失望的是，由于A经理没有和B经理进行沟通而误会了他。当时B经理进入总裁办公室，跟总裁做了十分钟的沟通。沟通内容是她马上要生孩子回老家了，她希望总裁把这个职位直接交给A经理，而不用通过竞聘制。但是，总裁的回答是"不"，他要看一看，在这样一个高压状态之下，A经理会选择怎么做。没想到，A经理的表现日渐消沉，从而导致本来是囊中之物的总监职位却变成了待定。

这个案例告诉我们，不能在职场进行良好的沟通而导致的人际误区会对职业发展造成很大的影响。当然，除了人际误区，我们还要认识到，沟通是最好的情感连接桥梁。

如果在职场中，你和你的领导、你和你的同事连基本的沟通都没有，沟通这样一个基本的情感连接被抹杀，那你们只能是单纯的同事关系。许多职场法则里面讲到，最好不要和同事成为非常亲密的朋友，要保持一定的距离。但是我们也不能走向另一个极端，如果你和同事只是纯粹的、冷漠的、单纯的同事关系，当你在工作中遇到困难或者是需要一臂之力的时候，对方可能会有所保留、不尽全力。

所以我们说，沟通除了能够消除误区，它还是一个增强职场人际情感连接的重要工具。如果在职场当中，你不能真正地重视沟通，缺乏良好的沟通能力和技巧的话，你很有可能会闹笑话，或者让人觉得你不善言辞，甚至觉得你这个人脑子有点笨，给人留下一些非常不好的印象。

最后，我们总结一下沟通在职场中的重要作用。

PART 01 "言"胜于"行":做得好更要说得好

第一,职场沟通可以更好地让你展现你的成果,让领导重视你,从而获得被提拔的机会。第二,职场沟通可以有效地避免人际关系误区,让你们没有那么多的误会,能更好地表达我们的观点和想法,与领导、同事和合作伙伴更好地合作。第三,在职场沟通中,有效的表达和沟通可以更好地提升人与人之间的情感连接,让这样的情感连接变得更加丰盛,而不是单兵作战。

但是利用和发挥职场沟通的重要作用,需要一定的基础和前提,那就是你必须具备一定的沟通技巧和沟通能力。如果说你的沟通技巧和沟通能力不足,反而有可能会造成一些意想不到的损失,造成更多的误解。所以,在接下来的内容中,我们会侧重如何有效地、高质量地去和人沟通,增进感情,消除误区,从而得到领导和上级的赏识和提拔。

主动表达，抓住机会展示自己

相信大家都听过这么一句话：是金子总会发光。言下之意，你只要认真做好自己的事儿，就一定会得到赏识；有人说，"酒香不怕巷子深"，只要你把菜做好了，只要你的酒好喝，无论多远都会有人找上门来的；还有人说，刘备请诸葛亮出山的时候是三顾茅庐，只要你自己有才能，根本就不用在意是否最终能得到展现或者得到重视。尽管还有一个词叫作怀才不遇，但没关系，怀才就像怀孕，时间长了总有人能看得出来。

以上这些话在很多时候确实说得通。不过在如今这样一个高度信息化和数据化的时代，一个节奏如此紧张、竞争压力如此之大的时代，你还要去等吗？如果你觉得你可以等，那么别人会说："抱歉，我抢先了。"因为会有很多人能主动去向别人展示自己、表达

PART 01 "言"胜于"行"：做得好更要说得好

自己。这就是一对非常重要的概念：主动展示和被动展示。

在职场里，每一次展现的机会，每一次说话、呈现、表达的机会，都需要我们去抓住和珍惜。可能有人会说，那样会不会太嘚瑟了？每次一有说话的机会，都是你第一个上，每一次一有表现的机会你都要争取，别人会不会嫉妒你？会不会在人际关系上产生一些误会或者冲突呢？

这个问题非常好，我曾经也有过类似的疑虑。首先我们要分析一下，一个人为什么会遭受别人的嫉妒？为什么一个人在职场表达和沟通或者做自我评价的时候，会让人感觉不爽？这并不是因为这个人在职场沟通和表达的这个行为让人不爽，而是他表达的方式和内容让人觉得不舒服。试想，如果一个人在沟通和表达的时候总是通过贬低其他人而显得自己很优秀，如果一个人在沟通表达的时候不顾及别人的功劳和付出，以及受到的帮助，总是说这是自己的功劳；如果一个人在表达的时候，他的肢体语言、他的眼神总是充满了蔑视和斜视，不在乎别人，你说这样的一个人，他在呈现和表达的时候会有人喜欢他吗？大家当然要记恨他。

相反，如果一个人在呈现和表达的时候，在与人说话沟通的时候，他言语中充满谦恭，有一说一、有二说二，他说话幽默、充满感情，他对别人充满了尊重和礼貌，这样的人即使他说得再多，我相信别人依然会对他表示认可。

我在这个地方谈到了两点。第一，在职场当中，主动表达比被动表达更有利；第二，在职场当中，只要注意表达和呈现的方式，主动表达并不是都会被别人嫉妒和记恨。明确了这两点，我们再来看一看如何在职场中有效地去主动呈现和表达。

在职场里面，主动表达和呈现的作用是给别人留下一个良好的第一印象以及良好地呈现你的成果和成绩。我以自己的经历来说明。

我刚到北京的时候，曾经做过一段时间的酒店服务员。其实一开始我是想去一个五星级酒店的，但是我的英语很糟糕。没有办法，为了生存，我先找了一

PART 01 "言"胜于"行"：做得好更要说得好

个非五星级的酒店——一个普通的餐饮公司，在那里做服务员。

我们都知道，餐厅一般都是晚上比较忙，晚间是高峰期。但就是在晚餐时间这个最忙的时候，我要学习和上课。尤其是当时报的英语补习班是晚上上课。学习和工作相冲突，怎么办？

由于我有这样一个特殊需求，我主动去和我的领导进行了不下三次的沟通。第一，沟通时间。我说我希望以后只上白班、不上晚班，晚上我要去学英语；第二，我可以在白班的时候，一个人干比别人更多的活；第三，当我以后有了一定的英语基础之后，我可以更好地去接待餐厅的外宾，我们能够更好地去呈现我们的服务状态。

当我主动和领导沟通之后，我成了这家餐厅整整11年以来唯一一个只上白班、不上晚班的员工。

这就是主动沟通带来的第一个效用：你可以有效地去达成你的目的和目标，展现你期望的成果。

高情商职场沟通课：
让你能说会做的读心说话术

我记得当我刚入职这家餐饮公司的时候，公司开了一个新员工入职的欢迎会。在欢迎会上，我非常用心地做了一次自我介绍的准备。也是由于把握住了这次机会，我从那一次的二十多个新员工当中脱颖而出，直接成为管培生干部。至今我还清楚地记得当时的情境。当我完成自我介绍下来之后，我们部门总监就在下面问了一句：这个小伙子是谁，叫什么名字？一会儿下课后让他到我的办公室里来聊一聊。

为什么二十多位员工，只有我一个人被领导关注、记住，并在接下来的三个月中，从管培生升级为领班呢？原因很简单，因为在那次公开的自我介绍中，我通过自己的语言表达给我们的领导留下了更好的印象。

当然，我相信在同期的这些入职的同事当中，肯定有很多有才的、有能力的，但是他们的才能没有能借助那次机会得到有效的表达和呈现。所以我坚信，在职场里一定要学会主动地呈现和表达，而不要被动地让人点你起来或者推你起来。一方面你可能因准备不足而败下阵来，另一方面如果有人有备而来，这

PART 01 「言」胜于「行」：做得好更要说得好

个机会就拱手让人了。

谈到这里，你可能会说：我知道主动表达非常重要，可是我却不好意思去表达。这里我们就来简单聊一聊中国文化里面的羞怯心理。我们羞于启齿有哪些原因呢？第一，多说话是一个不好的习惯行为，害怕言多必失。第二，我们可能会害怕自己说得不好，导致别人对我们有不好的评价。

对此，我们需要有针对性做两件事情。

首先，我们必须要去改变对于职场主动表达这件事情的认知，它并不是一件坏事，相反应该主动和积极争取。

其次，如何破除这种别人认为我们说得不好的心理障碍。第一，就是你在每一次的主动表达之前，要尽全力做好准备工作；第二，你在每一次表达之前，要对自己说的内容进行逻辑划分，要有层次、有逻辑，梳理出一二三。这样的方式是一种叫作"金字塔结构"的表达技巧，能帮助你说话更有条理，更加清晰。后面我们会详细介绍这种方法。第三，你需要调整你的心态，不要过于在意别人的评价，而要努力让自己从紧张情绪里面脱离出来。因为我们发现，沟通和表达这件事情，如果没有良好和健康的情绪来做基础，无论内容多好，其效果都会大打折扣。

总之，清晰表达、做好准备、调整情绪，做好这三点，主动表达就会让你占得先机。除此以外，不要过于在意结果和外界的评价，要努力克服羞怯心理，做到这两点，你的表达将会变得更加轻松和自如。认识到主动表达的重要性、掌握主动表达的方法将帮助我们在职场当中把握机会，更好地给别人留下良好的第一印象，同时也能更好地表达自己，达成自己的目标。

PART 01

"言"胜于"行"：做得好更要说得好

沟通表达，有效提升幸福指数

我们在上一节谈到了沟通可以让你更好地表达自己的想法和目标，给人留下更好的第一印象，更好地让人发现你的优势，获得提拔的机会。但这些沟通表达的好处都体现在职场和工作方面。但是我始终相信，如果你自己的生活都过不好，还怎么来谈工作？

你工作的目的是什么？不就是为了让你有更好的生活质量和幸福快乐的生活状态吗？

所以，接下来，我们来讨论一个非常有意思的话题，你幸福吗？

不知道大家还记不记得，几年前，中央电视台针对普通中国人做了一个系列采访，派出好多记者到群众中间随机采访，问题只有一个"您幸福吗？"我记得有一次,好像是一位女性记者采访一位大叔,说:"大叔,您幸福吗?"大叔非常淡定说:"姑娘,俺不姓福,俺姓曾。"开个玩笑,但"幸福"这个话题在当时确实引起了全体国人的关注。

我们一直在谈幸福,但幸福是什么可能我们都说不清楚。幸福是一个非常广义的词,它对每个人而言意义都不一样。有的人会觉得只要自己工作稳定、身体健康、家人安康就是幸福;有人说一定要实现自己的人生价值,像乔布斯那样做到精益求精、做到最好,把事业做到顶峰,这样才叫幸福;也有人说,我有很多钱就叫幸福,有人说我能找到属于自己的另一半就是幸福。所以说,每个人对幸福的定义不同。

不过,在社会心理学这门学科里,关于幸福和影响幸福的因素都是专门的课题。在众多影响因素中,究竟什么最能够影响人类的幸福?结果可能让很多人都匪夷所思,有人就会惊讶:"这个都能有结论吗?"是的,社会心理学的研究得出了非常有意思的结论,最能够影响我们人类幸福的因素,和咱们想的都不

PART 01 "言"胜于"行":做得好更要说得好

一样。

关于最能影响幸福的因素,我见过最多的答案是钱。可是谈到钱,大家可能都听过"边际经济递减效应"。什么叫边际经济递减效应?当你没有钱的时候,每得到一笔钱、即使金额不大,你的幸福感也会噌噌往上涨。但是当你获得的钱数达到一定数量之后,你再得到的钱即使金额再大,它能带给你的幸福反而会不增反降。

据当年的调查数据显示,2014年,中国一线城市的边际经济递减效应收入是8000多块钱,现在可能有些变化。也就是说,在挣得8000块钱以前,你每挣1000块钱,你的幸福度会上升很多,可是到8000块钱以后,你再多挣1000块钱,得到的幸福度已经没有前面那么高了。所以,钱并不是影响幸福指数排名最高的因素。

既然钱不是,有人会想到身体健康。对,健康肯定会影响一个人的幸福状态,但是它也不是最重要的。因为我们见过有很多人身患疾病,甚至是肢体残疾的人,但是他们身残志坚,面对病魔表现出了极强的战斗力和积极乐观的态度。虽然自己的身体状态不好,但是他的心态非常棒,依然非常愉悦地享受他的生活和生命。因此,健康与否并不能影响一个人的幸福。

下面我们来揭晓答案。最能够影响我们人类幸福的因素居然是人际关系。人际关系包含与同事、与客户等诸多关系,包含亲情、友情、爱情等在内。如果说一个人能够让你的人际关系变得健康和有弹性,那么你这个人的幸福度就会很高。从之前的内容我们学习到,影响一个人的人际关系,很大一部分取决于这个人的说话和沟通技巧。一个不会说话、不会沟通的人,处处得罪人,你说他的人际关系能好得了吗?如果没有这样一个良好的人际关系,我们的幸福度也会下降。同时,每天8小时的工作时间占据了我们日常生活中大部分精力,职场人际关系也很大程度上决定了我们的幸福指数。所以说,职场沟通课也是职场关系课,更是职场幸福课,它能让你的幸福度变得更

PART 01 "言"胜于"行": 做得好更要说得好

高。但前提是你能够通过练习和学习,成为一个善于说话、善于表达和善于沟通的人。

总之,我们说沟通不仅仅决定你的职场,更决定你的人际关系和你的幸福程度。我们都体会或了解到了在职场,如果一个人不会说话或者是他说话非常难听,很容易对人际关系造成不良影响。

有一年,我去给一家公司讲一个名为"情绪和压力管理"的课程。情绪和压力管理的方法中,我们会学习到一个知识点,叫作"如何有效地完成腹式深呼吸"。课程中间有这么一个环节,就是让一个员工和一个领导两个人上台,领导来做深呼吸,而员工会把手放到领导的腹部,来感受他腹部的起伏,以验证他的深呼吸做得是否标准。

当两次呼吸做完之后,这位员工拿着话筒,当着台下一百多个同事,说出了一句惊天之语:"各位同事,我发现咱们领导的肚子变大了。"这位领导听到这句话哭笑不得,台下的学员们也哄堂大笑。

其实这位学员想表达的是,领导在呼吸的时候,他的小腹有明显的起伏。可是到嘴上,他说的却是"领导肚子大了",导致大家都很尴尬。

这位员工可能因为平时疏于练习,说话的时候比较紧张和焦虑,以至于因为一句无心之失闹出了笑话,置领导于尴尬之地。这就是缺乏技巧和技能的表现。此外,在进行沟通和表达的时候,还有一个很重要的点需要注意,那就是你需要慢慢地说、想好再说,不要过于着急。

总之,一个人善于沟通和表达或者能够有效地沟通和表达,不仅能够提升人的幸福度,同时也会影响人的幸福程度。这种理论已经在企业管理中得到了广泛应用和实践。

现在很多企业,特别是一些大型国有企业和外企里面,我们会做一个项目叫作EAP,即员工心理关注计划。我会作为心理咨询师到企业里面给员工们做心理健康方面的咨询。我在这么多关于员工的咨询过程中,包括给员工的家属做咨询的过程当中发现了一个很有意思的现象,就是倾诉、表达这件事情可以

PART 01 "言"胜于"行":做得好更要说得好

有效地提升人的幸福度。

一个没有朋友、不善于表达和向别人倾诉的人,他会感觉很孤单。而孤单其实对幸福来说是一种压抑,自己一个人活在自己的世界里,对幸福的压抑感会很强。而EAP这样一个环节给员工提供了一个安全的倾诉环境和渠道。因此,很多组织管理者都会跟员工谈心。其实这种谈心也是一种沟通,目的是让员工更好地去表达自己内心的情绪和想法,通过这种沟通来提升我们的幸福度。

这一节的内容,概括起来就是想跟大家来分享这样一点:沟通不仅仅能够帮助你在职场更好地圆融人际关系,也能更好地提升你生活当中的幸福指数,让你生活得更加轻松、快乐和愉悦。

最后,我们给第一章的内容做一个总结。

第一,在职场,我们不仅仅要把工作做好,更要把做的事情说好、讲清楚,要让大家看到我们努力和辛苦的过程。所以,我们应该改变对"说"这样一件事情传统和落后的认知。

第二,从职场经验和实践来看,能说会道、善于表达的人，更容易被别人发现你的能力和优势，更容易被领导重视和提拔，从而为自己争取更多职业发展的机会。

第三，我们发现在职场里面，善于主动表达的人，他的成果、成绩、想法能够更好地被别人所了解，从而让别人发现他的优势，对他产生认可和认同。

第四，除了职场以外，我们还了解到，沟通和表达能够帮助你更好地提升自己的幸福程度，圆融你的人际关系，让你活得更加轻松，更加快乐。

综合以上四点，我们能更清楚地了解职场沟通和表达的重要性。

PART

02

控制情绪：头脑冷静
才能说得清楚

情绪隔离：搭建不良情绪的"防火墙"

既然职场沟通这么重要，我们怎么才能做好沟通呢？沟通这个话题很多人都讲过，而我最大的优势就是我的专业——心理学，而且我将我学习到的专业知识应用到我的工作实践中来。心理学专业毕业以后，我一直在做临床咨询，既有针对企业进行集体的职业化讲座，也有帮助很多外企白领、管理者进行一对一的职场心理咨询。所以，我有非常丰富的心理学应用经验，能够从科学的角度来帮助大家更好地完成职场沟通。

先控制情绪，再沟通内容

谈到心理学，我们不得不谈沟通当中最重要的一个环节，那就是情绪。请记住，头脑冷静才能说得清

沟通时要注意控制情绪

小张，你做的这份报告有严重的数据错误。你也太不负责任了，你是不是不想干了！

我已经为了这个报告加班加点，您说我不负责任也太过分了！

小张为了这个报告确实算尽心尽力了，连孩子生病都没回去，出现这种错误也不是她想看到的结果。

对不起，我和她都应该控制一下情绪，我更不该在愤怒时轻易说她不负责任。

人要控制自己的情绪而不是被情绪所控制，沟通前要先确保情绪在自己的掌控之内，头脑冷静才能把话说清楚。一味宣泄情绪的沟通是不理智的，不仅达不到沟通目的，还会破坏双方的感情。

楚。我们在沟通的时候，70%以上是在沟通情绪，只有30%才在沟通事情。不论何种内容、何种形式，沟通之前必须先处理好心情，才能处理好事情。

职场情绪化是现在90后、95后员工比较常见的问题。他们可能会因为瞬间的情绪失控而导致沟通的失败。有一段时间，在一个人力资源的微信群里有一句非常流行的话："千万不要对那些刚刚入职的新员工，尤其是90后员工发脾气，不要让他们有太大的情绪波动。"说什么"现在的新员工都是大爷，情绪一起来说不干就不干。我才不管你什么职业化，不管你什么职业素养，不管什么未来和发展。我只要此刻我自己的情绪得到发泄就可以了。你敢骂我，你敢说我，你不尊重我，工作服一脱，我不干了，我另找工作去。"还有："我们不能欺负90后了，要欺负就欺负那些中年人——80后。他们上有老、下有小，发了工资都不敢出门。骂他两句，也只能忍着；有了情绪，也不敢爆发，是最好欺负的对象。"

当然，这些都是开玩笑的话。但是在背后我们能看见中年人由于现实需要隐忍，他们更善于控制和管

PART 02 控制情绪：头脑冷静才能说得清楚

理自己的情绪。而对于很多的年轻人，他们的情绪更多是通过宣泄或者是爆发的方式来进行表达。总而言之，我们通过这样一场讨论，希望大家能认识到，控制情绪对职场沟通非常重要。

人与人之间在沟通的时候都是要理智思考的，因为我们要共同定下一个沟通目标，没有目标的沟通是闲聊，根本谈不上沟通。要有这样一个目标的话，我们必须理智地思考和决策，才能完成我们的沟通。

因此，当出现这种情况，我们在沟通之前必须先要了解和达成一个共识，这个共识就是我们必须要在情绪健康和情绪平稳的状态之下再去做沟通。如果你的情绪不平稳，千万不要去沟通。

所以各位，如果以后你在职场要和人做沟通的话，一定要先确认一件事，就是你们的情绪是否平稳；如果双方都有情绪，我的建议是先处理情绪，再处理事情。

隔离和控制不良情绪

1. 自我冷却法

有人说了,大家都在气头上,情绪哪是说控制就能控制的?下面我就来跟大家分享几个有效处理情绪的方法。第一个情绪管理方法叫作自我冷却法。

在一家黄金珠宝店里,发生了一起非常有意思的客户投诉。顾客当时喝多了酒,把刚买的一条项链扯断了。在沟通退换货的过程中,顾客的情绪比较激动,说话甚至还有脏字,还指着店员的鼻子说了一些侮辱性的话语。

店员也非常生气,当时已经气得满脸通红,准备拍桌子跟顾客进行对骂。这时候,店里的领班很理智,她对其员工说道:"这样,你先回避一下,我来帮你处理。"于是,她让员工回到休息室先去休息一下,5分钟之后,再让员工出来。

PART 02 控制情绪:头脑冷静才能说得清楚

其实这是一个非常聪明的决策。如果哪个对象或者哪个场景让你产生了情绪上的困扰和波动,这时请你以最大的意志力先做到一点:离开这个人,或者离开这个场景。我们把这个方法叫作自我冷却法。

假设你还在那个环境当中,在处于不良情绪中的沟通对象还在的情况下,你会持续受到外部的刺激,这个刺激会让你火上浇油,让你的情绪越来越难以控制,濒临失控。

所以在这个时候,你需要自己逃离当下的这个沟通状态,回到一个封闭的空间当中,让你自己可以更好地去缓解情绪,然后再出来处理问题。所以,我们要养成一个良好的习惯,当你发现自己有情绪失控征兆的时候,就让自己离开这个场景或者离开这个对象,到一个封闭的或者安静的、单独的空间,让自己平复情绪。

2.情绪隔离卡

如果你无法有效地在当时提醒自己,你的脾气已经发出来了,这时候我推荐一个卡片,即情绪隔离卡。

情绪隔离卡（正面）
当下的情绪：
情绪评分：

情绪隔离卡（反面）
我此刻最应该做的事情是：

　　情绪隔离卡是我在做咨询的时候，给我的来访者一种比较好的管理自己情绪的工具。它是一张和名片一样大小的卡片，最好是塑封过的、颜色比较亮的，比如说是黄色、蓝色或者绿色，因为这样的颜色比较容易帮助稳定你的情绪。

　　它分为正反两面。在正面可以写上一句话"当下的情绪"，就是你要给你的情绪命名，比如说愤怒、悲伤、委屈等；然后在下面写一句话：情绪评分，0代表没有，10分代表非常高，在0到10分之间，给自己写上一个数字，让我们了解一下自己当下的情绪。我们

PART 02 控制情绪：头脑冷静才能说得清楚

把这一步叫作"自我情绪觉察"。

当你给自己的情绪命名和打分的时候，你就大概知道自己处在一个什么样的情绪过程当中了。其实这一步非常有效，因为这是一个非常理智的过程，它能让你的大脑逐渐恢复思考和理智的功能。

在这张情绪卡的反面，我们会写上第二句话：我此时最应该做的理智的事情是什么？在这个时候你就会发现，你原本处于冲动、大喊大叫、发脾气、歇斯底里的状况，等等。不过此刻，当你思考并写下这句话之后，你就能控制自己的情绪和行为，让自己的情绪往一个更为理智的方向发展。

这就是我分享给大家的控制情绪的两个方法：自我冷却法和情绪管理卡，其中情绪管理卡还需自己动手设计和制作。这两个方法的要点是要努力实践，逐渐养成控制情绪的良好习惯，从而帮助大家控制和管理自己的情绪。

腹式呼吸：抑制火爆情绪的"灭火器"

上一节我提出了"情绪大于沟通内容"的观点，分享了情绪隔离的两个方法：自我冷却法和情绪隔离卡。这一节我们将继续围绕如何在沟通中掌控情绪这个主题，分享如何有效调节情绪的更多方法，让自己更好地去面对沟通场景。

情绪的自我冷却和情绪隔离卡，这两个方式是我们在情绪波动最初期使用的方法。如果我们的情绪已经进入一个爆发期，这时候有什么方法来给情绪"灭火"呢？

腹式深呼吸

现在我们来设计一个场景。当我们已经进入自我隔离的一个封闭的空间里，我们该做些什么呢？

PART 02 控制情绪：头脑冷静才能说得清楚

让自己安静地待在那里就可以了吗？我们要分享一个更好的方式，一个让自己可以快速冷静下来、更好地恢复理智功能的一种情绪管理法，叫作深呼吸。

可能很多人一听到"深呼吸"就觉得是老生常谈。看似简单的一个呼吸动作，但并不是每个人都会科学地深呼吸。如果你了解了深呼吸改变情绪背后的科学原理，你就不会小看深呼吸了。

1. 重新认识深呼吸

我曾经见过很多人在愤怒的时候有意识地想通过深呼吸来稳定情绪，可结果却是越呼吸情绪越暴躁。这是为什么呢？接下来我们来好好聊一聊什么叫作深呼吸。

首先我们来看一下我们日常和自以为会的深呼吸是什么样子的。在情绪波动时，绝大部分人的深呼吸会让自己的胸腔急速扩张。这样的深呼吸一般在什么时候发生呢？一般发生在情绪剧烈波动和剧烈运动的时候，我们把这种胸部急剧扩张、双肩急剧扩张的呼吸称为胸腔式呼吸。

高情商职场沟通课：
让你能说会做的读心说话术

胸腔式呼吸会刺激我们自主神经内部的交感神经，使之活跃，而交感神经是会让人越来越亢奋的。所以很多人会越呼吸越暴躁，因为他的呼吸方式出错了。那么，我们应该采用的科学有效的呼吸是什么样的？答案是腹式深呼吸，也叫下丹田式呼吸。

有人会说腹式呼吸很简单。真的很简单吗？事实上，它有很多要点需要我们注意。首先我们必须了解一下呼吸这件事情是怎么改善我们情绪的。第一个问题：我们吸的气去哪里了？有人说，当然是吸到肚子里了。错了，我们吸的气是吸到肺里面了。肺里面有一个组织叫作肺泡，每个人的肺部里面平均有6亿个肺泡。我们平时没有刻意呼吸的时候，这6亿个肺泡只扩张了30%。可是当我们深呼吸、动用肺泡超过70%的时候，肺泡就会急剧扩张。我们吸进去的氧气会通过肺泡被运输到血液当中，改变我们的血氧含量，让我们的静脉血变成动脉血，人也会慢慢地恢复活力。

当血氧含量和血压产生改变的时候，我们的心率也会随之改变。而心脏心率和血压一改变，交感

PART 02 控制情绪:头脑冷静才能说得清楚

和副交感两个对情绪影响最大的自主神经系统也会产生改变。也就是说,一个人的深呼吸是可以直接改变人的情绪状态的,但是呼吸要讲究技巧,并不是说随便怎么呼吸都可以,而腹式深呼吸就是这样一种呼吸方法。

2. 腹式深呼吸之缓、深、稳

下面我们就来详细讲一讲如何有效地做好腹式深呼吸。关于腹式深呼吸,首先要讲解三个要点,分别叫作缓、深、稳。

所谓的"缓"就是吸气一定要慢,慢慢地吸、慢慢地吐;第二个要点叫作"深",就是尽量让你的气息达到下腹部,越深越好;第三个字叫作稳,就是你的呼吸的节奏要是一样的,不能时快时慢。最好的方式就是一手放在胸口,一手放在小腹,然后慢慢地吸气、慢慢地吐气。要求是你的胸口要纹丝不动,而腹部有明显而规律的起伏。这样的呼吸才能称之为标准的腹式深呼吸。

可能很多人从小都有这样的疑问:吸气是应该

用鼻子还是应该用嘴？这里我们认真探讨一下。中国第一部医书《黄帝内经》很早以前就阐述过，它说人"鼻之呼吸为天地之灵气，口之呼吸为天地之浊气"。为什么鼻子吸的气就是灵气，难道是因为鼻子里面的鼻毛能够过滤吗？有一定道理，但根本原因是用鼻子呼吸，可以使更多的氧气通过血液到达颅腔，达到"灵台清明"，即头脑清楚的效果。而用嘴呼吸，吸入的气体更多的是直接进入到肺部。所以我们说吸气的时候尽量用鼻子，而吐气的时候用嘴。所以，正确的呼吸方法是用鼻子吸气，用嘴吐气。

转移注意力

有很多人练过瑜伽，而瑜伽非常关注呼吸。它的呼吸是有节奏和节律的，一次吸气大概持续5-6秒，一次吐气同样是5-6秒。也就是说，练瑜伽要求10-12秒做一次完整的呼吸，1分钟大概是5-6次的呼吸过程。

众所周知，运动可以有效地让人变得放松，实现解压。因为有效的运动可以刺激人的大脑分泌更多

PART 02 控制情绪：头脑冷静才能说得清楚

的血清素，而血清素这种神经物质可以让人感觉到轻松和愉悦。注意，我前面提到了，必须要是有效的运动。为什么这么说呢？因为有氧运动必须达到15分钟以上，大脑的血清素才开始有效地进行分泌。

呼吸也一样，如果说只是短暂地做1分钟呼吸，效果非常有限。如果想要改善情绪，你至少要呼吸3—5分钟，并保持稳定的呼吸状态，才能让自己的呼吸真正地帮助你改变情绪状态。

总结一下，有效改善情绪的呼吸方法——腹式深呼吸，请注意三个字：缓、深、稳，鼻子吸气嘴吐气，呼吸的时候应该达到足够的时长，时长不够则效果有限。

当然，当你处在不良情绪状态时，仅仅深呼吸是不够的。我们在呼吸的时候，一定要把注意力集中在呼吸上。你不能在呼吸的时候还想那些让你生气的事，那样呼吸也是没有效果的。因为人大脑的想法对于情绪的影响是直接的，如果不能转移大脑的注意力，腹式深呼吸也是无能为力的。

我在做心理咨询和指导时接到过这样一个来访者。她告诉我,她不能看到孩子做作业,孩子只要一做作业,她就焦虑、生气。因为她的孩子做作业时总是东张西望,效率非常低,每天都不能按时做完作业。她看见孩子做作业就着急,情绪难以控制。

那天,她一来咨询室就跟我说:"赵老师,现在我们母子俩不做作业时是母慈子孝,一做作业就是鸡飞狗跳。赵老师,你能不能帮帮我,怎样才能缓解这种焦虑情绪?"

当时,我首先跟她分享这个呼吸放松的方法。可是后来效果并不明显,尽管她的腹式深呼吸动作非常标准,但是她说怎么呼吸都没用。为什么效果不好呢?我就问她:"你呼吸的时候在想什么?"

她说:"赵老师,我一边呼吸一边在想,这小兔崽子天天做作业那么慢,注意力不集中。写作业写1分钟,发呆半小时,都不知道他在想啥,急得我要命。"这就是问题的根源。这个时候虽然她做到标准的呼吸,但是注意力依然是在孩子做作业上,而没有把注意力放在呼吸上。所以,她的呼吸只是改善了她的

PART 02 控制情绪:头脑冷静才能说得清楚

大脑供氧,而大脑依然在通过想象不断强化愤怒的思维,让她的情绪继续处于紊乱状态,难以平静下来。

所以腹式深呼吸更为重要的一点就是,你在呼吸的时候不仅要用鼻子吸气,完成缓、深、稳的动作要求,保持一定的时长限制,还要把注意力完全放在呼吸上。这个时候,我们可以数呼吸的次数,吐气的时候数1,吸气的时候数2,如此往来反复。如果你发现你的注意力不见了或者你的注意力到别的地方去了,要及时把注意力拉回来。当我们用这样的方式持续呼吸3—5秒时,你的情绪将会开始平稳下来。坚持下去,你会发现坏情绪有所改善。

所以,如果你在经历情绪困扰,或者在与人沟通之前发现自己的情绪已经有了波动,那么首先拿出你的情绪隔离卡,思考和对照一下自己的情绪处于什么样的状态和水准。如有必要,请你进入到一个封闭的空间,做一套标准的腹部下丹田呼吸,让情绪变得更加稳定。当你觉得自己的情绪稳定之后,我们再和对方去讨论、沟通具体的事情。

想象转移：让你的紧张情绪"开小差"

这一节我们继续来分享和交流情绪管理的方式方法。关于这个话题，我们将分为3-4节来阐述。为什么会用这么多篇幅，原因很简单，因为情绪管理是沟通当中非常重要的一个环节，没有情绪管理，沟通将无法达成。你无法想象一个暴躁的人、情绪失控的人，怎么和人很好地沟通。

在此之前，我们介绍了情绪隔离卡、自我冷却法和腹式呼吸法等情绪管理的工具和方法。这一节我们将介绍一个全新的方式，叫作想象转移术。想象转移术就是我们通过对于大脑内部头脑想象的控制，来有效地转变我们的身体状态和情绪状态。

如何理解想象转移

首先我们来分享一个概念。比如，事情本身可

PART 02 控制情绪：头脑冷静才能说得清楚

能早就已经过去了，可是那件事情带给我们的感受却一直停留在我们的身体里，我们会通过回忆、想象将那个感受重新调动出来。

在心理学上，有一种症状叫作恐惧症，这些人对某些特定场合会有一种恐惧，比如我们都听说过的社交恐惧，以及广场恐惧、飞机恐惧等。我就曾经处理过这样一个恐惧的治疗案例。

有一个十七八岁的女孩，她特别害怕狗。我们都知道，很多人都怕狗，尤其是像藏獒那种大型狗，谁都怕，你怕我也怕。但这个女孩怪就怪在，她连小狗也害怕，像小泰迪这样的小狗冲她汪汪叫两下，她人就晕倒了。她会浑身没劲儿，瘫软在地上，站不起来。

为什么她会出现这样一个症状？因为在来找我咨询之前，她和她的母亲去农村的乡镇上，那里有很多人养狗，而这些狗都没有用绳子拴起来。当时就有两条狗突然发疯了，冲向她们。她亲眼瞧着她的妈妈被两条疯狗足足撕咬了好几分钟，咬成了重伤。她当时就在旁边，吓得全身瘫软、浑身无力地倒在了地上。从此以后，只要一见到狗，大脑就又回到了当时那个情景当中，她的恐惧症状就会发作。

我们把这种因为一个旧的刺激或者想象而引发或者让人回到曾经那种状态的情况，称为想象转移。当然，想象转移也有积极的一面，那就是可以用来调节情绪。那么，如何通过这种想象转移来改变情绪呢？

相信大家都听说过催眠。有人说催眠是骗术，也有人说催眠没用，自己是绝不会被催眠的。其实从广义上来说，催眠几乎无处不在。广告就是一种催眠，给人讲课、人与人之间的沟通也是催眠。狭义上的催眠则更多是指临床上通过一定的医疗手段让人进入到某种恍惚状态。一般来说，95%的人都是可以被催眠的，只要催眠师和被催眠者两个人足够信任，大多数催眠都能完成。

被催眠者之间也会有一些区别，就是是否更加容易被催眠。我们把是否容易被催眠的这种特性称为感受性。有的人感受性很高，一催眠他就进入催眠状态了；有的人感受性很低，你跟他说很多、描述很多的场景，他可能也会有防御和抗拒，就是进入不了催眠状态。

怎样应用想象转移

下面我们来简单试一下，体验一下催眠，看看大家的感受如何。我简单描述一个场景，请你根据我描述的场景展开你的想象。

现在你的手里拿了一个柠檬，然后我们把这个柠檬从中切成两半，你拿起一半柠檬放到自己的嘴边，用力一挤，很多新鲜的柠檬汁进入到你的嘴里，你的牙齿、舌头、口腔里全是酸涩的柠檬汁，柠檬汁又酸又涩，你的口腔唾液不断分泌。

这还不够，你拿起另外一半柠檬，再次用力一挤，更多新鲜的柠檬汁进入你的口腔，你的舌头、牙齿又酸又涩，唾液不断分泌，越来越多，直到你忍不住吞了一口唾液。

正常情况下，很多人听到这个场景描述的时候，他就开始不断分泌唾液了。这有点类似于我们所说的望梅止渴。它背后的原理是什么呢？为什么通过这样一个回忆和想象，就能让我们身体产生改变？因为人类的想象和思维功能会直接引发我们的身体变化。这就是普通心理学里面讲到的，想象功能会直接引发生物功能的改变，想象会直接改变人的内分泌系统和神经系统。同样，我们也可以通过想象的方式来帮助大家解压和调整情绪。

下面我们再来测试一下，需要大家想象一下这个我称之为"美妙一刻"的画面。在你过往的人生经历中，一定发生过一些让你感到非常温馨、幸福和快乐的瞬间。这个测试的目的就是让大家沉浸在那个让你温馨快乐的回忆当中。让我们通过想象，把那个画面丰富起来，有色彩、有气息、有情节、有人物。当然，这样的画面有可能是你和你的爱人，有可能是和你的父母、孩子，也有可能是和你最好的朋友，甚至是你自己一个人。在一个美好的时刻，比如日出、海边等场景之下，那是一个完全放松的状态。

PART 02 控制情绪：头脑冷静才能说得清楚

这种状态会让你直接进入情绪平和稳定的状态。

我在课堂上曾听过有一位学员说的想象和描述。他说我的这段话让他回忆起了属于他的美妙一刻。

> 我曾经和我的未婚妻开着车，行驶在一个海边国家的海滨大道上。然后，我们找了一个地方把车停下来，肩靠着肩，面朝大海，夕阳正要落入海平面。我们的头顶有海鸥在盘旋，海风吹拂，我女朋友的长发掠过我的鼻尖和我的脸颊，我甚至嗅到了她头发上淡淡的清香。
>
> 在我们的背后有一座断桥，断桥上站了一个大腹便便的西洋人士。他满头金发，正对着残阳吹萨克斯，吹奏的曲目是那首经典的《昨日重现》。

请你也想象一下那样一个场景：两个相爱的人坐在海边，看着太阳缓缓落入海平面以下。这样的一个场景本身就让人觉得非常温馨、舒适和放松。当我们沉浸在这样一个想象当中的时候，我们的身体就会发生改变，情绪就将变得更加平稳。

想象转移的应用要点

怎么才能做到呢？第一点就是你要找到让你感觉温馨、平静的那件事。我曾经在课堂上问过大家是不是都能找到这样的回忆。曾经有一位男学员举手说："我这30多年好像还没有经历过您所说的那样的事情。"其实我觉得他是在开玩笑，他没有认真回想。为什么？如果真有人这样说，我要问他一个问题：是什么支撑你活到了今天？如果你的人生没有快乐和幸福，你活着岂不是生不如死？

所以，请你仔细想一想，你一定是有的。但如果你压抑了自己的感性感受，或者是封闭这样一个记忆功能，让那些场面不能浮现，你就需要更多地去感受自己的身体、回忆这类画面，努力要把它清晰地、丰富地呈现出来。

第二点是我们回忆的这个事情和画面一定要是温馨、幸福和轻松的，而不能是过于让人激动的。比如我们曾经遇见的学员说他越想越激动，我问他回

PART 02 控制情绪：头脑冷静才能说得清楚

忆的什么事，他说："我回忆的是，有一次我跟同事一起打麻将，我胡了一个清一色，大家都没和牌。我摸最后一张，然后自摸了。当时给我兴奋得好几天都特别开心。所以我就一直在回想那个场景。"

请注意，我们在应用想象转移技术创造想象空间的时候，我们要想象那些温馨和幸福的画面，而一定不能是过于激动的。因为激动的情绪会让一个人进入亢奋状态。而我们要做的是控制情绪或者管理情绪，是希望大家进入一个比较平稳、安静和平和的状态，再来处理事情。如果你过于亢奋，很有可能观察不够仔细，大脑功能也会受到一定的影响。人只有在稳定、持续、平和的状态下来做沟通，效果才是最好的。

以上就是跟大家分享的情绪管理方法——情绪想象技术。在你出现情绪波动的时候，希望大家可以在深呼吸的同时尝试这样一个情绪想象，它可以转移你的注意力，从而进入到情绪平和、稳定的空间，然后再来进行职场沟通。

高情商职场沟通课：
让你能说会做的读心说话术

认知换位：换个角度给沟通"加速度"

这一节我们来讲调整情绪和压力的最后一个，也是最重要的方法——认知换位。

我们来看一个非常有意思的事儿。

假设下班后，你走在马路上，遇到了公司的领导。

领导对你很好，你也很尊敬他，他甚至是你仰慕或者暗恋的对象。

你主动上前跟他热情地打招呼，"领导您好，在这个地方碰见您了，好巧啊！"

结果领导看都没有看你一眼，转身就走了。

请问，此刻你的心情怎么样？

PART 02 控制情绪：头脑冷静才能说得清楚

可能很多人会说我很沮丧，或者我很忐忑。但是请你想一想，为什么你会沮丧和忐忑呢？那是因为在你产生这个情绪之前，你心里已经产生了一个想法：领导是不是对我有意见？领导是不是看我不顺眼？要不怎么我跟他打招呼，他都不理我呢？

当你有了这样一个想法之后，接下来你沮丧和忐忑不安的消极情绪就产生了。

认知影响情绪

在情绪管理的研究中，有一个非常明确的、肯定的概念叫作认知，也就是对事情的看法和想法认知。认知会影响一个人的情绪。同一个人对同样的事情产生不同的认知，情绪也会不一样。这就是我们经常说的一个概念"换位思考"。

换位思考又是个老生常谈的话题，我们每个人大概都听过这样的话："换个角度思考，可能你就没有那么生气了。"但是具体怎么做到换位思考呢？

今天我就跟大家讲一讲，在职场沟通之前，在管理情绪时，如何有效地换位思考才能帮助你更好地平息和掌控情绪。

首先,我们通过一个大家熟知的事情——高考,来了解什么是认知,以及认知如何影响我们的情绪。

每年的五六月份,我都会接受不少来访者的咨询。他们咨询的问题都围绕一个话题:高考。每年高考前,很多即将参加高考的学生以及他们的家长都特别焦虑。有一次,我接待了一个高三的学生,从高考前的一个月开始,他焦虑得整宿整宿不能入睡,他的父亲、母亲也开始焦虑。最后,当他们三个人一起来我们咨询室的时候,全都成了熊猫眼。

很多人会觉得奇怪,高考而已,至于吗?如果你持这种态度的话,我大概可以断定你对高考这件事情的看法是:高考虽然很重要,但是它并不能决定孩子的一生;我们全力以赴、考出最好的结果就可以了;如果实在考得不行,咱们再来。而且未来还有很多机会可以让自己变得很成功、很幸福。

但是那些比较焦虑的人可不这么认为。他们的认知是这样的:高考的过程或者高考这件事情,它就

PART 02 控制情绪：头脑冷静才能说得清楚

将决定我家孩子的未来和他的一生。如果高考考不好，他就没有好的学校上；没有好的学校上，就没有好的环境；没有好的环境，他以后就找不着好的工作；没有好的工作，他就找不着合适的对象；没有合适的对象，他就不能成家立业；不能成家立业，他就要孤单流浪。

这一席话是我亲耳听到一位考生父亲跟我说的。这一连串的假设都建立在高考考不好，他的孩子就没有未来的基础上。可是，我们只要理性思考就会发现，这样一个认知和想法是过于偏颇的。当他有这样一个认知并传递给孩子的时候，你说孩子能不焦虑、能不紧张吗？

所以说，一个人的认知会在很大程度上影响一个人的情绪。在职场当中，这种错误认知影响情绪的情况并不鲜见。我们要做的就是学会对一件事情多角度、全方位地思考，调整和转换我们的认知，控制和管理自己的情绪，从而让我们更好地去沟通。

认知转换化解沟通难题

接下来,我们来看一个在职场沟通当中经过认知转换化解职场沟通问题的故事,也是我亲身经历并指导的成功案例。

这个故事发生在北京一家著名的餐饮企业。我曾经以心理咨询师的身份在这家企业做了近一年的培训经理。当时,有一个门店的员工和领导之间出了点沟通上的问题,关系闹得比较僵。于是,他们的领导就让我过去跟他做一些疏导和调解。

故事的主人公小赵是刚刚走出校门、入职不久的新员工。他有学历、有能力,工作认真、努力、负责,领导也特别喜欢他、器重他。刚来不到两个月,领导就跟小赵说:"好好干,锻炼半年就把你提拔成主管。"小赵一听,心里也很高兴,越干越有劲,不但对领导充满了感激之情,也对未来充满了信心。

后来有一天,小赵很早就起床了,照常坐公交车

PART 02 控制情绪：头脑冷静才能说得清楚

去上班。可是半路上公交车意外抛锚了。小赵着急得不行，火急火燎地赶到公司，发现还是迟到了。不巧的是，这一天是区域总监到店检查的日子。于是，小赵被抓了个正着。

小赵的上司是王经理，本来打算在这一天向总监提出给小赵升职加薪的，结果没想到在这么重要的时刻，小赵居然掉了链子。刚送走大区总监的王经理怒发冲冠，一气之下表示要罚小赵300元钱。但按照公司制度，迟到罚100元，经理太生气了就决定罚他300元。

小赵一听就不乐意了。我迟到是我的错，但你凭什么罚我300元？你是不是对我有意见，是不是针对我？当时就和王经理呛起来了，现场发生了激烈的冲突，小赵当天就不上班了。

第二天，小赵就递交了辞职申请书。王经理由于当时的情绪失控也很后悔，但是怎么劝小赵，他都说不干了，在这种企业干不下去，我不能和这种领导在一块儿工作，等等。王经理没有办法，就请我去和小赵进行沟通。

在这件事情中，作为领导的王经理是有一定问题的，因为他没有控制住自己的情绪，用了超出公司罚款标准的金额处罚小赵。但是，小赵生气的原因不仅是罚款，而是他已经产生了一个认知：领导在针对我，罚别人就罚100元，罚我就罚300元。他对我有意见。小赵把一个管理行为解读成了对他个人有针对性的具体行为。所以说，这个时候，小赵的认知出现了偏差。

于是，我的调解主要通过和小赵沟通，帮他调整了这样一个认知。我跟小赵的对话是这样的：

我说："小赵，究竟怎么回事？跟我说一说。"

他说："赵老师，如果你是来劝我不要离职的，就不要谈了。如果你跟我说会儿话、聊会儿天，咱俩喝点酒，我们还可以聊一聊。"

我说："那行，咱们随便聊一聊。"

在接下来的沟通过程中，我多次问他："你为什么认为经理会罚你300元？你觉得他是怎么想的？"

他思来想去，这个90后员工说："赵老师，我觉

PART 02 控制情绪：头脑冷静才能说得清楚

得他脑子有病。"

新时代的员工有这样的想法很正常，但是这个过程当中，我们要循循善诱地帮助他找到全新的认知。

于是，我就问他一个问题："为什么他罚别人不罚300元，而罚你要罚300元？你再思考一下，在这件事情以前，王经理究竟对你怎么样？"

他思考后说："王经理以前是要提拔我的，而且还非常认可我。为什么这次这样，也许是因为他太生气了吧。"

"那他为什么会这么生气？"我当即就反问他这个问题。

看他不说话，我接着说："很好，你知道他很生气，是一个失控行为才罚你300元，但他为什么对别人不那么生气，对你却那么生气呢？"

小赵说："我想起来了，因为他曾经跟我说过，希望我这段时间好好表现，不要掉链子。没想到这么关键的时候掉了链子,他肯定是因为比较器重我才这样的。"

针对同样一件事,一个想法是经理针对我,所以才罚我300元;第二个想法是经理特别重视我、器重我,太生气才罚了我300元。这两个想法是完全不同的认知,造成的情绪是不一样的。所以说,同样一件事情,如果我们换一个更加客观的角度来看待,可能你的情绪就会变得更好了。

当我们爆发了即时情绪,也就是突发情绪后,我们通过调整呼吸、情绪管理卡等方法让自己的情绪稳定下来之后,我们还需要长时间地去思考问题,改变看待问题的角度等等,从而改变自己的情绪。这个方法被我们称之为认知换位法。

ABC情绪合理技术

关于认知换位法有一个工具,叫作ABC情绪合理技术。我们用A来代替具体的事,用B来代替对这件事情的认知,用C来代替你的情绪。我们举个

PART 02　控制情绪：头脑冷静才能说得清楚

具体的例子来看怎么应用ABC情绪合理技术。

假设我做了一个具体的事儿A，向你们竖起大拇指。你们的情绪应该是比较开心的，因为你们会认为我在夸奖你，就是你们的认知B。所以，开心就是你们的情绪C。

但是，你们真的认为我在夸奖你们吗？不一定。有可能我是在做假，我的意思也许是：你真棒、你真牛、你真厉害、你们最棒了。很明显，这里的意思是讽刺。虽然事情没有变，都是竖起大拇指，但是当你们处在具体的情境就明白了这个手势的意思，情绪自然就会不一样了。

这就是因为认知改变而导致情绪发生变化的例子。所以当我们遇到情绪困扰的时候，我的建议是首先把事情、想法和情绪三者分开，不要把它们混为一谈。第二，每一次情绪波动的背后必定伴随着一个不太客观的认知。找到那个认知，让它尽量变得客观一些，就像小赵一样，他认为经理是对他有意见、针对他,而实际上是经理特别器重他,所以才情绪失控罚他300元。当我们有了这样一个比较客观、健全的认知的时候,情绪就会得到改善。

关于情绪管理和控制的方法就讲到这里。最后请大家一定要注意,职场沟通一定要三思而行,先控制好情绪再去处理和沟通具体的事情。

PART

03

有效表达：如何把话说到点儿上

有效表达之"搞定人"：
搞明白你在跟谁聊

前两章我们学习了职场沟通的重要性和职场沟通的重要环节——情绪的控制和管理。这一章就要更加贴近职场沟通的核心——如何有效表达，提高沟通的效率，更快更好地达成沟通目标。

那么，什么叫有效表达呢？我们在生活和工作当中都遇到过这样的场景：你要跟一个人去谈事情，他非要跟你谈感情；你跟他谈感情，他非要跟你谈想法；你跟他谈想法，他又绕回来跟你谈事情。谈来谈去气得你跳脚，事情还说不清楚。你可能也遇见过这样一些人：一件很简单的事被他颠三倒四、翻来覆去，讲得云里雾里，听完之后你都不知道他想表达什么。更有一些人，他的心里、脑子里想得特别清楚，肚子里也有货，但是让他说的时候他就表达不清了。经常让人听不明白他到底想说什么。这些问题都是因为表达能力欠缺所引起的，也就是缺乏有效表达的方法和技巧。

表达能力分为两块，一是思维能力，只有想得清楚才能讲得清楚；二是需要练习的口才能力。你只有在口才方面掌握一定的套路、有一定的技巧，才能把事情说明白、讲清楚。在这一章里面，我们主要就是学习如何完成有效表达，让你想清楚、说明白。

确定沟通目标

首先，我们要确认一件事情，就是在任何沟通之前，我们都必须要有一个沟通的对标和定义。什么叫沟通的对标和定义呢？就是确定沟通的目标和意义，以免出现那种你谈你的、他说他的情况，两个人看起来说的是同一回事儿，其实隔了十万八千里，这样叫鸡同鸭讲，浪费时间。

我们该怎么来给沟通定标和定义呢？我在这里把我个人的经验分享给大家。

首先，在任何一次沟通开始之前，我们要对彼此要沟通的内容、沟通的方向和目标做一个定义。请大家思考一个问题，说话是否等于沟通？我相信很多人都有这个答案，说话并不代表沟通。说话是你想说什么就说什么，你随意表达；而沟通不是，沟通它是一个过程，是沟通双方或者多方通过一定的渠道和背景彼此传递和反馈信息的过程。这个渠道有可能是QQ、微信，这个背景有可能是在办公室，也有可能是在生活当中。

注意，这个过程中不仅有信息的传递，还要有信息的反馈。有了信息的传递和反馈并达到共同的理解和共鸣，才算是完成了沟通的目标。

所以，彼此双方或者是多方通过某个具体的渠道和背景，进行信息的传递和反馈，并且达成理解和共鸣的过程，称之为沟通。因此，它和说话是完全不同的，沟通一定是带有目的性的，完成目的才叫沟通，否则只能叫说话、聊天。

说话是一种天赋，人生下来用个一两年，人人都会说话，除非是有沟通障碍、语言障碍或者智力障碍的人。正常人都会说话,但是沟通不是。沟通是一种能力,凡是涉及能力都需要你在未来的生活和工作当中进行系统的学习和练习,这种能力才会得以提升。所以沟通区别于说话,它是有目标性和目的性的,我们在沟通之前就一定要定标,要把双方对于沟通的事情讲清楚、说明白。

关于沟通定标,有一个广泛应用的工具叫作约哈里窗口。约哈里窗口是由美国著名的社会心理学家约瑟夫·勒夫特(Joseph Luft)和哈林顿·英格拉姆(Harrington Ingram)针对如何提高人际交往成功效率而提出的,被用来解释自我和公众沟通关系的动态变化。

约哈里窗口把人类在沟通时候的信息划分成了四种不同的信息区域,分别叫作公开区、盲点区、隐私区和隐藏区。所谓的公开区就是你知、我也知,双方掌握的信息透明、标准一致,能够实现沟通到位。

盲点区是你不知道,我也不知道,沟通双方对信息都是不了解的。这种情况下,沟通将会非常吃力。

第三个叫作隐私区。所谓的隐私区是你知道而我不知道的，对方掌握的信息是他的隐私。这个时候，我不了解对方的信息，沟通起来不但很吃力，也很被动。

最后是隐藏区。我把我的信息隐藏起来，不告诉你；对方对我们的信息不了解，这时候沟通起来也会非常困难。

所以，基于约哈里窗口，我们在沟通之前首先要看一看我们掌握的信息、沟通的目标究竟在哪个区，通过一定准备来打破这种信息的孤岛和封闭状态。除了公开区以外，我们来看另外三个区如何应对。盲点区是双方都不知道的。比如说我们在工作当中遇到一个全新的任务，大家都没有任何经验，这个时候我们可以求助网络，求助更有经验的人，多提问、多请教和查阅资料，然后再来沟通；至于隐私区的信息，你知道、我不知道，比如一些专业上的术语、对方的一些财务信息和资源，可能我们是不太了解的。这个时候你要主动向对方提问以获取更多信息；第三个隐藏区，是你自己知道但是你不告诉别人的，比如个人的秘密。这种情况下，我们要想了解对方内心的想法和看法，就需要反复地去陈述、表达给别人。

PART 03 有效表达：如何把话说到点儿上

确定沟通源

沟通不是万能的。在工作中，我们经常说，如果遇到问题，我们首先要去沟通。但是很多时候沟通并不能解决所有的问题，因为人是一种非常复杂的动物。比如，我们经常听到一句话：你永远也叫不醒一个装睡的人。什么意思？当对方不想和你沟通的时候，怎么沟通都不会有效。所以，我们在沟通之前要做的第二个工作就是确认沟通源。

什么是沟通源呢？就是你在沟通的时候，对方是否接受沟通的目标和信息。如果对方不能接受，那么沟通的成本将非常之大。我们介绍三种沟通是成本浪费或者沟通的效果和结果会大打折扣的情况，我们在确认沟通源时要考虑这三种关系和情况。

第一种是关系问题，你和对方的关系有问题，对方不喜欢你。比如在职场，你的沟通对象是某一位领导，但是这位领导和你的直属上司关系不和睦，是竞争对手。而你正好是你的上司招进来的。因此，这位领导对你的喜爱程度、关爱程度和认可度就会降低。在这种关系不好的情况下沟通,沟通效果就会大打折扣。

第二是利益问题。对方也很想和你完成沟通,就沟通目标达成共识,但是如果一旦达成共识,那么他的利益将会遭受损失。这就是我们经常说的谈判。谈判为什么这么难,不像其他沟通那么简单,因为每个人都有自己的利益。所以我们在谈判之前或者是涉及利益问题的沟通之前,要确认一下是否把利益分配均衡了,然后再开始沟通。

第三是中国人的面子问题。这个在职场非常常见。我们遇到一些比较强势的力量型、老虎型的领导,他们比较专制专权,而且非常在乎自己的面子。即使他知道自己做错了,你给他提的建议是对的,他也不可能给你低头认错。在这种情况下,即使沟通的方向没有问题,他也不一定会认可你。

总之,确认沟通源这个环节,我们一定要确定一个概念:你在沟通之前是否能够有效地去区分关系、利益和面子问题。如果关系有问题,先重新塑造关系或者先谈论关系,把关系解决掉;如果存在利益问题,先分配好利益再说;如果是面子问题,就要表示出对对方的尊重,不在大庭广众之下批评和提意见,更不要当面驳斥对方。

总之,在开始职场沟通之前,首先要判断这个事情是不是能够通过沟通来解决,排除利益、关系和面子的干扰;其次,如果这三者没有问题,我们还要确认双方的沟通目标是否一致。这时候我们可以使用约哈里窗口这个工具。通过约哈里窗口,来看一看我们双方掌握信息的情况,根据不同的情况采取不同的沟通策略。

高情商职场沟通课：
让你能说会做的读心说话术

有效表达之"搞定事"：
弄清楚你们要聊什么

这一节我们继续探讨沟通的定标。为什么很多人沟通效率低下，或者沟通的时候出现鸡同鸭讲的情况？最基本的原因是我们与沟通目标并没有得到完全的确认，双方对要沟通的事情的理解还有一定差距，所以聊起来会比较累。

语言缺陷要求沟通定标

比如我们来谈论快乐和幸福的话题。快乐和幸福都是一个相对的概念，每个人的标准不一样，没有对错之分，每个人都能说出自己的理由来。这个时候我们就需要对概念做一个定义，只有在定义已经完全确认的情况下，沟通才有意义，否则就是在浪费成本。所以千万不要在一个没有具体背景的环境下，去讨论和沟通一个概念。"你幸福吗"这个话题,它涉及的因素太多了,背景、环境、对幸福的理解都有可能导致结论的不确定性,这个时候我们就很难来讨论,更别说得出什么结论了。但是,如果我们探讨"你觉得最能影响中国人幸福指数的因素是什么",这就是一个比较准确性的沟通话题了。

因此,把目标定位好,让大家有共同的认知,然后再开始沟通。这是职场沟通非常关键的一步。第一,我们需要了解,语言它是有局限性的。每一个人对于事物的理解和认知不一样,就会导致价值观、行为方式上的巨大差异,比如对幸福的理解、对工作的态度。

在工作中,大家一定熟悉这样一个场景:领导给下属布置任务,最后加一句"尽快完成"。请问这个"尽快"是什么意思?我们对它的理解可能千差万别,也许有的人说尽快是三天,有的人说是五天,还有人觉得是一个月,但领导的意思可能是三个小时。

所以,职场沟通一定要定标,跟对方沟通和确认达成目标的标准。比如上述场景,请你追问领导一句:请问您说的尽快是多长时间?

第二，语言是有自我理解性和相对性的。同样的语言对于每个人来说都不一样，必须要有一个参照物来对标才能明确。比如说，有的学员说："赵老师，您的课讲得很好。"在他的心里，做出这个评价一定是有参照物的。比如说，他是和一年经验的培训师比，还是和10年经验，甚至是20年经验培训师来比。这样我们得出的结论也会不同。

所以我们在进行沟通和交流前的定标时，上述这两件事情一定要做到。

对于所沟通事情的理解，就是把局限性打开，不要在自己的概念之下来理解它，而是要把它放到一个具体的背景和环境下来给它一个具体的定义。二是你们沟通的时候要有一个参照物，要有一个相比的对象；通过这个对象，我们才能达成相应的共识。这就是我们沟通定标最重要的两步，确定概念和找出参照物，然后再进行沟通。

感性定标与理性定标

在实际的沟通环境中，我们该怎么做才能完成定标,确定沟通的概念和参照物呢?

最简单的方法就是礼貌地重复对方的话。当对方说出一个观点之后,你可以问对方这样一句话:"先生,您看我理解您想表达的意思是……对吗?"我们通过重复对方的话来进行自我表达。这个自我表达主要分成两种:一是左脑的理智表达;二是右脑的情感表达。

> 在一次跨部门工作会议当中,其他部门的工作人员向我方部门工作人员提出一个要求,希望我方部门配合他们在一个月之内把项目工作报告写出来。
> 我们可以针对我方提出的"一个月内写出项目报告"的沟通要求,从两个方向进行回复。第一个回复是感情方面的:"刚才我听到您说,需要我们在一个月之内,把这个项目的工作报告拿出来,我感觉您是有些着急、有些焦虑。您的意思其实是希望我们尽快完成这个工作,对吗?"

这就是一次定标的步骤,一次感性定标。同时,

高情商职场沟通课：
让你能说会做的读心说话术

我们也可以做理性定标：

> 刚才我听到您说，让我们在一个月之内把本次项目的工作报告拿出来。我理解您想表达的意思是说，我们这个小组这个月主要的任务就是来完成这个项目的总结和汇报工作，而不是再开展另外一个新的工作，请问是这个意思吗？

这就是一个理性定标。它更多针对事情本身，而感性定标更多针对对方的感觉。通过理性定标和感性定标这样两个过程来帮助我们更好地完成沟通定标。

总之，沟通只有定标才能真正地实现有效表达。在职场工作当中，只有先定标，确保对沟通目标相同的理解，才能避免鸡同鸭讲，我们的沟通工作才能更高效、更有意义。

有效表达之"搞定内容":
用逻辑和场景来表达

之前我们花费大量篇幅阐述沟通定标的重要性和方法,以提升我们的沟通效率。我们从现在开始探讨如何高效地、准确地表达。这一节我们主要谈准确,目的是为了把话说清楚、说明白。

我们都见识过这样一些人:他的语言表达逻辑性有问题,说话颠三倒四、翻来覆去,说完之后让对方云里雾里,抓不着重点,非常影响沟通质量。一般来说,说话说不清楚或者表达不清楚主要有两方面的问题,第一是思维问题,也就是没有想清楚。说之前,他自己脑子里都没有一个框架和结构。第二是口才问题。他说话的时候紧张,不知道应该用什么样的技巧和方式来说。这两点的缺乏会导致沟通和表达的时候出现上述问题。所以,今天我们就来学一学怎么把话说清楚、说明白,说得精准。

建立清晰的思维逻辑

我们先来看一组图片。这个图片上有9个非常简单的笔画图形,我们要求大家在10秒钟之内,不要用纸和笔,纯粹靠记忆把这9个图形给它记下来。

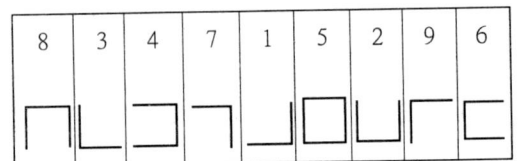

现在请你闭上眼睛或者不看图片,回忆一下这9个图形你还能记住多少。

看似简单的9个数字和图形,让你死记硬背,却总是记不住、背不下来。没有关系,这个结果很正常,因为人的短时记忆容量有限,最多只有2到7个信息单位,且保持时间只有10-20秒。那么,有没有方法可以让我们很简便、快速地把这9个图形、数字记下来?如果把他们重新排列组合,也许只要1秒钟能把

所有的图形全记下来。请看下图:

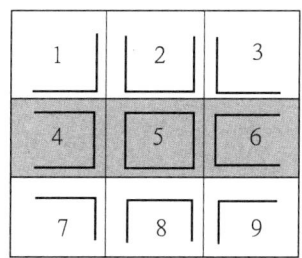

看完第二张图之后,你就会发现一个很有意思的现象:原来第二张图就是原来9张图形的组合。按照一定的顺序重新排列,规律一目了然,记忆起来也就简单多了。

话说回来,同样的信息,在有人在和你沟通时,A用类似第一张图的逻辑方式跟你说,B用类似第二张图的逻辑方式跟你说,你认为哪种方式会让你记得更清楚、理解得更明白?毫无疑问是后者那种表达方式会让我们印象更深刻,理解得更清楚,沟通得更有效果。

所以我们在说话之前一定要注意一个习惯,特别是在职场汇报工作、演讲,或与别人谈一些比较复杂的、信息量比较大的事情的时候，一定要注意一个关键点，这就是清晰的逻辑、层次、结构，才能让人抓住你的重点，了解你想表达的真实意图。

所以我们在说话之前，首先自己要有一个习惯。在脑海当中，对你自己要讲的内容和信息做一个层次、逻辑的架构上的梳理。因为只有你自己想清楚后，你的表达才能有逻辑，对方才能理解内容。人与人之间的沟通是会出现误差的，如果这个误差大量存在，对方就会忽略你的重点，以致出现只找到那些只言片语或者以点带面、一叶障目地扭曲你所表达内容的现象。这种现象也是我们要极力避免的，所以我们在说话之前一定要想清楚。

我举一个生活当中的例子。我们都知道天上有各种星座，我不知道大家能不能认出星座来，反正我是认不出来的。因为各个星座的图形我并不了解，也不知道它的方向。但是如果谈到北斗七星，我相信很多人很小的时候就从家长和老师那里了解到，北斗七星的形状像一把勺子。只要在盛夏季节满天繁星的夜晚，我们一抬头很容易就能看出北斗七星。

那么问题来了,为什么你可以在那么多的星星里面看出北斗七星呢?原因很简单,因为在你看星星之前,你的脑海当中已经有了勺子这样一个概念和形状。北斗七星,它的形状像一把勺子,它大概在什么方位,我们只要一看到那个方位,就能把那个勺子辨认出来。

与之类似,我们在沟通的时候必须先让对方理解我们的逻辑和层次,在对方的脑海当中勾画出来一个逻辑和结构,对方才能完全或者是尽可能吸收和理解想表达的内容和意图。这是沟通内容准备的第一步。

场景化表达加深印象

下面我向大家展示七个我们熟悉的名词:湖泊、靴子、女孩、铅笔、宫殿、铁路、书本。请大家用10秒钟把它们背下来。要求和之前一样,用时10秒钟,不用笔、不用纸,把它们背下来。

湖泊 靴子 女孩 铅笔 宫殿 铁路 书本

你会发现背下来非常难。我们换一种方式,你看会不会简单一些。接下来还会有七个词语出现,然后这七个词语是和前面七个词语一一关联的。我们来想象这各组词语之间的关系,然后再来看我们是否能够用很短的时间背下接下来这七个单词。

糖在湖泊里溶化

盘子上立了一只靴子

女孩在和袋鼠照相

汽油桶上插了一支铅笔

自行车放在宫殿里

一头大象在缓慢地经过铁路

书本上被挤了一些牙膏

湖泊	糖
靴子	盘子
女孩	袋鼠
铅笔	汽油

PART 03

有效表达：如何把话说到点儿上

宫殿　　自行车

铁路　　大象

书本　　牙膏

如果现在把左侧的词语拿掉，现在你们是否能快速背下来右侧这列词语呢？大家可以用10秒钟时间，试着回忆一下，看看是不是短时间就能背下这些词语。相信会非常简单，这个时候你会问：为什么背右侧这列七个单词会变得如此轻松呢？原因很简单，因为我给你们做了一个描述，"糖在湖泊里溶化"，你想到这个画面，并将其与相关词语联系起来了；"盘子上立了一只靴子"，你只要一看到靴子，就会想到盘子。

这个时候我们会发现一个很有意思的现象，就是有效的关系和连接会让我们的大脑加深印象。这就是为什么我们说，沟通一定要有结构、有逻辑。因为结构和逻辑会让对方对你所表达的内容加深印象。

不知道大家有没有注意到这样一个细节：在刚才我们回忆第二列的七个单词时，可能有一个词会被记错，这个词就是"汽油"，你也许记成了汽油桶。为什么你们会把"汽油"记成"汽油桶"呢？因为我在跟你们描述画面的时候，我说的是"汽油桶上插了一支铅笔"，你们根据"铅笔"直接会联想出"汽油桶"。所以从这个例子我们能了解，画面和场景相连接将让人加深印象。

所以我们说，一个会讲故事的人、一个会描述场景的人之所以更受欢迎、更能感染人，是因为画面本身可以帮助人更好地产生共鸣、产生感情，并有助于记住相应内容。

这里总结一下。在本节内容中，我们讲到了清晰、有效、准确表达之前就要把内容思考清楚，自己就得有一个逻辑层次和架构。要想把事情想清楚、想明白，就得给这些信息之间建立有效的关系和联系，然后再把信息组织起来讲出去，这会让内容更加清晰，对方也容易记住。最后就是你在讲话和表达的时候，要尽可能地用场景、用画面的方式进行表达，因为讲故事、讲情景的方式更加容易加深人的印象。

有效表达之金字塔原理：
让别人更懂你

上一次我们谈到沟通之前要想清楚、想明白之后再说。这一节我们就来探讨一下怎么才能更好地梳理内容逻辑并搭建内容的逻辑架构，给大家介绍一个实用工具。这就是著名的金字塔结构表达法。

金字塔结构又称金字塔原理，出自著作《金字塔原理：思考、写作和解决问题的逻辑》，作者是当时供职于美国著名咨询公司麦肯锡的一位咨询顾问芭芭拉·明托。这本书的影响力遍及全球，至今仍畅销不衰。

金字塔结构，提高沟通效率

我们来简要了解一下金字塔结构，从而帮助大家更好地提升思辨、观察和表达能力。

一天早上,公司行政部员工小赵突然给他的领导打电话,汇报了一个突发紧急情况:

"李总,您好!我是小赵,有件事情非常紧急,今早7点,我接到郑州交通管理局的电话,6点10分在郑州203国道上发生重大交通事故,我公司销售部的小马驾车与一辆大货车相撞,小马当场死亡,对方司机重伤,目前正在医院抢救,与小马同车的还有公司的销售人员张三、李四和王五,三人都不同程度受伤,但无生命危险。目前事故责任还不确定,我准备立刻前往郑州处理相关事务,希望跟您商量一下应对措施。"

但是,领导的回复显得思路非常混乱,几件事情说得非常凌乱,听起来云里雾里,不知道重点在哪儿。如果你是工作人员小赵,当你听到这位领导的指示之后,你是不是会觉得工作无从展开,不知道从哪里下手呢?我们现在来看一看在整个过程当中,领导是这么说的:

"立刻向主管汇报;然后联系相关医院确保伤员的全力救治;再联系保险公司,协商理赔事宜;还有,联系伤亡人员家属;别忘了跟郑州交警部门确定事故责任,一定要维护公司的利益;跟销售部门说,让他们确保货物安全,做好工作交接,处理好与供应商的关系,请他们理解,反正就是按照公司应急预案立即成立事故处理小组,处理上述事宜。对了,别忘了做好伤亡员工家属前往郑州的准备。还有,别忘了找财务部多拿一些现金!"

这位领导一共说了有九件事情,它们之间相互独立,没有什么逻辑关系,一件一件说出来显得比较仓促、凌乱。我们能不能把这九件事情以一个相互之间有关联、有逻辑、有结构的方式来进行呈现和表达呢?

我们来用金字塔逻辑表达法来帮助这位领导把这段话做一个重新地呈现:

小赵,请不要着急。首先我们以公司的应急预案处理流程成立应急预案小组,立马向主管汇报。然后着手处理本次事故。我们会从三个方面来进行,分别从人、财、物三个方面着手。

在人的方面，小赵请注意以下四个事项：1.马上向主管汇报；2.立即全力抢救伤员；3.处理好与供应商的关系；4.安排伤员家属去到郑州开展看望和抢救工作。

在财的方面要注意以下两点：分别是……在物的方面，请注意以下三点……希望你能通过以上这几点意见，处理好本次事故。

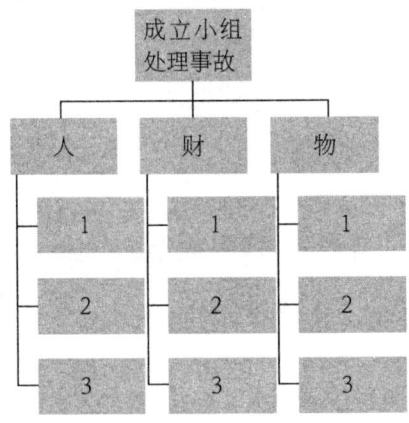

通过这样的一个描述方式，领导的话听起来不仅有层次、有逻辑、有结构，更重要的是我们能从中抓到

工作的重点和流程，非常清晰而深刻地记住领导给我们下达的任务。为什么经过梳理的表达能够变得这么清晰、这么简单呢？因为我们运用了金字塔结构。

金字塔结构三原则

金字塔结构就是把所有要讲的内容分三个步骤来进行，分别是开门见山、内容分类和条理分明。

第一，开门见山。首先，在职场沟通中一开始就要把你的主要内容和核心内容表达出来。请注意，一次沟通一定只有一个核心内容，只有一个目标。我们在小学的时候写作文，老师就经常嘱咐我们，写作文之前一定先提炼中心思想。每次沟通也一样，你在与人沟通之前也应该有一个中心思想，接下来所有的内容都应该围绕中心思想来进行。

当你的中心思想不明确或者有多个中心思想的时候，接收方也就是接收信息的那个人则可能会根据自己的主观建议和主观认知来忽略和扭曲你想表达的意思。

所以我们在沟通之前就要在内心想好这一次沟

通的中心思想是什么。

其次就是我们在表达之前,要学会直接把我们的中心思想和目的表达出来。中国人的表达习惯总是喜欢让别人去猜,反映到职场就是不愿意把话说清楚、说明白。

中国人见面总喜欢打招呼问"你吃了吗",其实这是一个典型的含蓄式的表达,它并没有把我们的真实情况和真实的内心想法表达出来。

中国人已经习惯了这样一种含蓄的表达方式,说话喜欢绕圈子,不好意思直奔主题。尤其是"你吃饭了吗"这个开场白,很让外国人迷惑不解。

> 我在外企工作的时候,听一个加拿大同事抱怨:为什么你们中国人总喜欢问我"吃饭了吗"?他说有一天早上,他去公司上班,当时没有吃饭,肚子很饿。公司领导特别热情,见面就问他:"拉斐尔,你吃饭了吗?"他很诚实地回答说我没吃。没想到领导来一句:"没有吃,那你快去吃饭吧。"拉斐尔很郁闷:既不请我吃饭,又不陪我吃饭,你问我"吃饭了吗"

PART 03
有效表达：如何把话说到点儿上

是什么意思？

所以中国人在职场或者在生活当中，有一个想法就是"我不用说明白"，"我说个大概，你应该就能懂"，"如果你不懂，说明你这人不着调、不上道"。

其实这是一个非常危险、非常浪费沟通成本的做法。我们认为，在职场的正式沟通当中，开门见山、直接表达你的核心目的和核心思想才是高效的沟通。

所以，金字塔结构的第一步就是提炼出中心思想，开门见山地表达出来。

第二步叫作内容分类。有了中心思想之后，接下来所有我们要表达的内容都是围绕这样一个中心思想来开展。比如在请示领导的这个案例当中，话题的中心就是处理事故。怎么处理事故？我们从三个方面来处理。我们把这种思维方式叫作内容分类。再多的内容都可以分成两三类或者三四类。

内容分类就需要锻炼我们的逻辑思考能力。我们举个例子来说明如何锻炼逻辑思考能力。比如说汽车的分类。汽车可以分为三种，从燃料上来说，它有汽油的、柴油的，还有新能源三种。

这样的一个分类必须是在同样的属性、同样的水平、同样的性质上来进行，不能瞎分。

在我的课堂上发生过这样一个很尴尬的事。当时我提出要求："请把场内的所有的人分为三种。"比如按年龄来分，可以分为青年、中年和老年。但是居然有同学说："我们教室里有三种人，这三种人分别是男人、女人和老师。"我当时感到很尴尬。

所以我们的分类一定要经过逻辑思考，要按一定的属性和种类来进行分类。这是金字塔结构的内容分类。

我们在内容分类的时候要注意一定是横向表达，优先横向，然后再进行竖向表达。比如刚才那个车祸案例。我们的说法应该是："小赵，不要惊慌，本次事故我们将按照公司应急预案成立应急预案小组，马上处理本次事故。"然后进入到金字塔结构第二层，"事故处理从三个方面来处理，分别是人、财、物三个方面。"

了解自己的沟通对象很重要

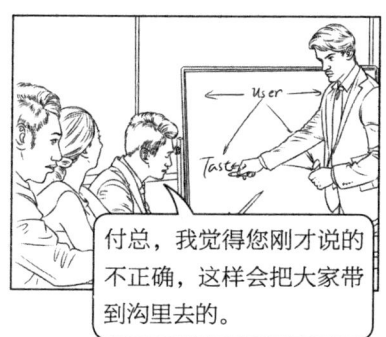

付总,我觉得您刚才说的不正确,这样会把大家带到沟里去的。

是你有经验还是我有经验?你不听话就滚蛋。

你刚才那么说是不对的。

可是付总说的就是错的啊。你也参与项目了,你肯定明白。

我知道他说的是错的,但你也不能在大庭广众之下扫他面子;再说他本来也不算大度的人,你这样会让他很难堪。

一切沟通的前提是要先了解沟通对象。不了解对方的个性,又选择了不适当的场合,自然不会有好的沟通效果。沟通对象的面子问题也需要考虑,在公共场合批评和提意见常会被当作不尊重对方的表现。

而错误的说法是:"小赵,本次事故处理,首先处理人的方面,然后处理物的方面,最后是财的方面。"

所以,我们不能这样竖向表达,应该是先横向表达、展开全貌、展现结构,然后再说细节。这是金字塔结构的内容分类。

金字塔结构表达的第三点叫作条理分明。你必须要养成这样一个习惯:每一个条目之下都按照第一、第二、第三等数字开头来排序,以加强人们的印象和联系。如果数量太多,可以再次分类。因为人类的短时记忆是有限的,短时间内记住大量信息会非常困难。

以上跟大家分享的就是金字塔结构表达法。希望可以帮助大家在表达的时候更加有逻辑、有层次,内容更加清晰、更加准确。

PART

04

学会倾听:拉近
彼此的心理距离

共情倾听：用同理心创造良好沟通气氛

倾听这件事情在沟通当中的重要性不言而喻。从小到大我们经常说四个字：听、说、读、写。在这四个字当中，究竟哪个环节是我们最为缺乏的呢？写就不用说了，从小的学习最多就是回家做作业，考试的时候也是写。包括现在很多职业资格考试、人力资源师、心理咨询师、研究生硕士考试，应试过程的两三个小时就是不停地动笔在写。写已经成为我们学习当中最重要的一个环节。但我们好像很少学习过听，当然英语听力训练除外。心理学研究发现：人与人在沟通的过程中，听是最重要的环节。沟通不仅仅是一个传递和表达的过程，也是回馈的过程。如果说不能有效地捕捉对方的意图，就不能有效地去反馈，那么沟通自然无法达成目标。如何能有效

PART 04 学会倾听：拉近彼此的心理距离

地去沟通？如何能有效地去反馈呢？最重要的是我们要学会倾听，如果不能有效地倾听对方的说话，就不能有效理解对方的意图，也就会降低沟通的效率。

同理心共情式倾听

怎么才能做到有效的倾听呢？先不谈倾听的其他任何内容，只谈一点叫作同理心。如果没有良好的同理心，是无法去倾听对方的。在很多沟通课程里面，把倾听分为四个层级、八个层次，各种各样的倾听。最差的状态就是完全心不在焉，你说你的，我干我的；稍微好一点的状态，叫作你在说话，我表面上在听，可是心里在想别的；还有一种是听懂了你表面的意思，但你内在含义却听不懂；最后一个是最高层次的倾听，我们称为同理心共情式倾听。我不仅能理解你的意思，还全身心投入当下，去理解你背后的情感、感受以及状态，并且能理解你想传递的意图。在沟通当中，你可以全身心放下自己去感受别人、理解别人，也只有在全身心去感受和理解别人的过程当中，才能更好地完成沟通。

高情商职场沟通课：
让你能说会做的读心说话术

我几乎每周都要去一些国企和大型的企业单位给他们的员工做一对一的EAP心理咨询，也会遇见完全不同的人跟我讲述完全不同的苦恼、完全不同的故事，从而了解完全不同的经历。在这个过程当中，为什么他们愿意来向我倾诉？除了专业之外，身为一个陌生人，他们为什么要相信我？这其中一个重要的原因是倾听的力量、同理心的力量。我可以在与来访者坐在一块儿的时候，几乎完全抛弃自我，去倾听、去感受。

究竟怎么才能达成同理心呢？我们在倾听别人说话的时候，不要有信息的遗漏。尽可能地把对方所说的每一句话、每一个字都记在脑海里。当然不能完全复制下来，但尽可能地去记住它。大家都见过在一些综艺节目里，5个人或者8个人排成一队，中间有一个木板隔开，由第一个人依次传话给最后一个人，最后发现这个指令被传递得面目全非。其实通过这样几次的传递，信息完全被打乱了，我们把这个现象称为信息漏斗。我们会在后面给大家分享。

PART 04 学会倾听：拉近彼此的心理距离

复述对方说的话

这个信息漏斗为什么会产生？因为我们没有做到同理和共情的倾听。同理和共情的倾听需要利用反射技巧。就是当对方说话的时候，尽可能地去重复别人的话，我们对于共情的认可就是不要过多地加入自己的理解，而去感受对方的意图。对方的意图已经用一种方式在表达了，这时最保险的方式就是重复对方的话。比如对方说："最近工作真是太累了。我们的领导给了我很大的压力，感觉在这家公司工作很辛苦。"这时，如果你是他的一位朋友、家人或伴侣，应该怎么回应？非同理心的回应有很多，例如："没关系，现在工作都是这么累。"还有人说："没事，回来吧！我养你。"但要知道很多人其实想表达的并不是这个意思，他要说的是我现在遇到了困难，这个时候你可能又给了他一个误解，表面上看起来是安慰，可是依然不是共情。最好的共情其实是重复和反射。可以把他的话说一遍，说："最近你的工作压力很大，老板不理解你，你想表达的是很累，对吗?"这就是一次反射技巧。

我们在共情倾听的时候,一定要去重复和复述对方的话。要做到:不证明什么,只是关心什么。什么叫不证明,只关心呢?不要在乎他说的是对错或者好坏。比如刚才那个案例,你跟他说了重复的话之后,他可能会说:"是的,和我同样一起进公司的同事都已经涨工资了。这个月我和他做的一样多,却没有任何的表扬,更别说工资了。"这时,可能很多人就开始跟他讲道理了:"要找一找你的问题在哪儿,对方为什么可以加薪。"但这都是你对他说话内容的一个判断,这时的你应该继续去关注他的感受,说道:"那是不是现在比较难受?别人涨薪你没涨,不开心是吗?"我们要通过再次关心,而不要对他说的内容进行评判,让他再次感觉到被认可、被关注。

适当地自我披露

这时,你可以适当说说自己的类似经历。但要注意这个过程不能太多,不然就有喧宾夺主的感觉。让人觉得:我是来给你倾诉的,怎么我要来开导你

PART 04 学会倾听：拉近彼此的心理距离

了。我个人虽然在生活和课堂中滔滔不绝，说得比较多，可在生活中，除了沟通具体的目标以外，基本上很少说话。我更愿意去倾听别人，去理解别人的内心活动和过程。对方提问我才说一说，对方不提问的时候，我会尽可能适当地自我披露，通过这样的方式来拉近关系和距离。让对方觉得：原来你是懂我的。

打破自动化思维

对方一开口说话，有的人就已经对对方的话做出评判，觉得对方这样对或者这样不对。比如，上面案例中的那位朋友，如果说："凭什么人家可以涨工资而你不能加？是不是因为他跟老板有什么关系？"当这样的话说出后，可能就会认为原来这个人是因为有内部关系，才能这么快涨工资，这就是一次自动化思维。我们并没有对对方的情况做基本的了解，我们在同理和共情的时候，应该同理和共情的是知道你现在很焦虑、知道你现在特别不开心，你的情绪是难受的，而不要对对方说的话下评判。我们依据判断做出了一个自动化思维,这是没有证据的。因为对方究竟是不是因为内部关系而涨了工资,我们是不知道的。对方的描述有可能也是自我的推断。

因此,在共情的时候,首先要完全地倾听,尽可能记住对方的表达;其次要去复述对方说的话;第三,可以适当地披露;第四,打破自动化思维。以上几点需要我们进行一些持续的日常练习,从而让自己在倾听当中获得共情的能力,而共情会让对方认为你是一个懂尊重、有情感,值得信任的人。

倾听漏斗：高效沟通要避免以己度人

关于倾听，我提到过在人与人的沟通当中有一个信息遗漏或者信息被过滤的状态，我们把这种状态称为沟通漏斗。沟通漏斗是沟通学里面的一个定论学说和概念。这个概念说人与人在沟通的时候，自己内心想的内容、脑子里的内容可能是百分之百，可是当说出来的时候、表达的时候，已经被过滤了一部分，可能只有80%了。当对方接收到、听到的时候，又过滤了一部分，只有60%了。当对方对这个事情加以自己主观理解和认知的时候，可能只有40%了。再等这个人传递给别人的时候，就只有20%，甚至10%都不到了。绝大部分的重要信息，都已经在传递的过程当中被遗漏掉了。我们把这种信息在沟通当中，由于背景、渠道、理解等因素而遗漏掉的信息，称为沟通当中的倾听漏斗信息。如何有效地来避免倾听漏斗，让我们的信息传递可以尽可能地准确、真实呢？我们来看一个发生在我身上的真实案例。

记得几年前外婆健在的时候，经常给我打电话。她很想念我，又不好意思说，而我由于工作很忙不能经常去看望她。于是她就找了一个借口，打电话跟我说："孩子，我很爱吃稻香村的零食，但现在都吃完了，你能买一些送过来吗？"我当时也没多想，顺口就说："外婆，您放心吧，马上就给您发个快递，下午稻香村就能送到家里了。"当时外婆的情绪比较低落，就把电话挂了。又过了不久，外婆再次打电话过来说家里的灯坏掉了，要我去家里换灯泡。

我女朋友在旁边非常生气地说："亏你还是个心理咨询师，居然听不出来外婆想要干吗！外婆就是想见你了。"

我们在沟通和交流的时候，有时很难有效地理解对方的真实意图。这是因为我们会用自己的想法和感受去猜测他人，这就是沟通漏斗产生的最大原

PART 04 学会倾听：拉近彼此的心理距离

因。我们管这种情况叫作以己度人。以己度人是一个非常可怕的沟通现象，如果在与人沟通交流的时候，我们总是用以己度人的方式来进行倾听，那么沟通漏斗就一定会产生。

  小两口刚刚结婚不久，两个人产生争吵的次数比较多。适当的争吵可以促进相互之间的感情，不过他们处理争吵的方式出现了问题，他们采用的方式是冷战。冷暴力在职场中也是一个非常可怕的现象，如果你和同事或领导之间出现了问题，最先选择的方式应该是把问题摊开在阳光和桌面下，开诚布公地去沟通。在小两口的案例当中出现了争吵，同样应该寻找一个合适的机会和环境来进行沟通，而不应该选择冷战。当这位男士找到了我，咨询过后他知道了自己的问题所在，主动做出了改变。当再一次发生争吵之后，这位先生非常勇敢地买了一束鲜花，克服自己的心理障碍，跑到老婆公司楼下专门去给他老婆道歉。这是一个非常诚恳的改变和道歉。可让人啼笑皆非的是，他老婆当时拍案大怒，说

高情商职场沟通课：
让你能说会做的读心说话术

道:"你又做了什么对不起我的事！"这位先生一脸懵,就是来给老婆道歉的,没有做什么对不起老婆的事。老婆又喊道:"你还狡辩,要没有做什么亏心事,没有做什么对不起我的事,你会来主动跟我道歉？"

在这个案例中,这位先生是明确来与老婆沟通的,而且非常郑重地道歉,可他的爱人在倾听的过程当中却视而不见,用自己对这个现象和行为的理解来做判定。后来我与他爱人沟通的过程中,了解到她当时的想法是：我的老公绝对不可能在吵架之后主动来道歉。如果他主动来道歉了,只有一种可能性,那就是无事献殷勤、非奸即盗,一定做了什么对不起我的事。实际的情况并不是如此,但她却用自己的想法以己度人地去理解对方。在沟通当中,疏通沟通漏斗最便捷的方式就是不能以己度人。不能用自己的主观认知和主观经验去推测别人想要表达的意思。因此,我们需要做到以下几点：

第一,我们需要去判断什么是我们的想法,什么是客观事实。我们千万不能把想法和事实两者混淆,更不能用自己的想法去代替事实，所以在倾听的时候，我们要学会的就是觉察。上面案例中的老婆认为吵架后老公立马道歉就是非奸即盗、无事献殷勤，这就是一个想法而不是事实，但她却当作了事实。

我们来做个练习："公司的领导这个月已经批评我好多次了，我觉得他肯定不喜欢我，要把我给开除掉。"现在你来判断一下，这是一个想法还是一个事实？其实，它是一个想法。但很多人会把这个想法当作事实，这个时候你看见领导就会紧张，甚至会战战兢兢。而你又可能会因为这个想法而导致自己的工作效率越来越糟糕。"这个月领导批评了我三次。"这句话是一个事实，是只批评了三次而不是经常批评你，更不是要把你开除。如果你疑惑于领导为什么批评你，要给这个事情下一个结论的话，应该主动去找领导进行沟通，了解自己的问题在哪，哪里还有不足，如何来提高。因此，在沟通倾听的时候，首先要理清什么是你的观点，什么又是事实。

第二，我们在倾听对方说话的时候，别让过往的认知使自己犯了错。比如上面的案例根据经验，曾经有一个人在公司里面被领导连续批评三次,然后他就被开除了。所以你会得出一个结论:如果在公司里面被连续批评三次,很有可能被开除。但这个经验并不是事实,要把这个经验和具体的客观情况剥离开。你在这个过程当中根据曾经的经历而得出了一个结论,这样的情况我们叫自动化反应。那什么又是自动化反应呢?

虽然你现在在阅读这本书,但我们不妨一起来做个小测试。有个动画片叫《猫和老鼠》,大家应该都看过。我们都知道猫喜欢抓老鼠,老鼠怕猫。那么现在开始,你可以用双手打着节奏,念五遍老鼠。老鼠、老鼠、老鼠、老鼠、老鼠。然后再把老鼠倒过来怎么念。鼠老、鼠老、鼠老、鼠老、鼠老。

现在,我问你猫怕什么?马上回答我。虽然咱们现在没有见面,但我相信一部分人会在心里都会回答"老鼠"两个字。可是你再看下我的提问,我问的是猫怕什么?猫应该怕人、怕狗、怕老虎,它怎么

PART 04 学会倾听：拉近彼此的心理距离

会怕老鼠呢。我们根据曾经的、反复的、过往的经验来对一个全新状态的解读就是自动化反应。

由于以己度人和自动化反应，我们在倾听当中做了扭曲和遗漏。如果我们要在倾听当中避免这样一个沟通漏斗的产生，首先是要区分主观想法和事实；其次，要避免利用过往的认知形成自动化反应。当你能够拥有这两种思考习惯和倾听习惯以后，沟通漏斗将得到有效的处理。

先跟后代：有效影响和改变他人意见

关于倾听，前面的分享中也提到了沟通漏斗、同理心，等等，这节中会分享些具体的技巧和方法来帮助大家更好地完成沟通当中的倾听。

平时的心理咨询过程中，我经常会遇见这样的朋友："实在受不了婆婆的性格了，把我婆婆带过来，你给她做个咨询，改变一下好不好？""实在受不了我领导的性格了，和他在一起工作真是太累了！他又严格又喜欢挑刺，整天不苟言笑，跟他在一起工作时压力超级大，我应该怎么跟领导沟通呢？"我们会发现，自己身边的家人也好、朋友也好、同事也好，都有各种各样的问题，而我们总希望去改变他们。而我在咨询的时候会问他们一句："不好意思，为什么你来咨询，你的婆婆不来？你的领导不来？你身边那些亲戚、同事、朋友不来呢？"因为他们并没有

PART 04 学会倾听：拉近彼此的心理距离

认为自己有问题，是你认为自己有问题和痛苦，才来到了咨询室，谁来咨询室，就解决谁的问题。换句话来说，你永远无法通过强行说教和教育的方式，来改变你身边的任何一个人。如果你要改变你身边的人，唯一的方法就是先改变自己，从而影响他们。当对方在说话的时候，我们会和对方产生不同意见，当不同意见产生之后，有很多人的第一条件反射是：你说得不对，要听我说。我曾经记得公司就有一个领导，不管你说什么，只要你说的和他不一样，他就会打断你，要你停下来听他说。当这个时候，他怎么说都不能说服我，因为我在态度和情绪上已经不认可他了。所以我们的立场与对方不同的时候，我们还能够通过倾听这样一个环节去有效地影响别人和改变别人，这个技巧就叫作先跟后代。而先跟后代是NLP神经语言程序学中的一个重要的倾听技巧。

心理学界有一位著名的催眠大师埃尔克森，他曾经有一个非常知名的案例。他治疗了一位美国的失语症患者。失语症就是忘掉了自己的母语，不会说英语了。精神疾病患者的大脑结构以及他的主客观和我们正常人是不一样的，会出现幻觉、妄想、幻听等一系列精神症状，而他们的大脑异常地活跃和发达，很多奇思妙想会完全超越于常人。当这个精神病患者得了疾病之后，其他的医生都尝试为他治疗，但是效果并不好，因为医生一来，这个人就用他的语言和对方对话，对方感到无法交流，只能选择放弃。但埃尔克森却把这个病人给治愈了。他就是采取了NLP当中的先跟后代模式。埃尔克森把这个患者所有的语言进行了录音，然后把录音拿回去，反复练习、模仿和倾听。通过这样一段练习过程之后，自己也能够进行类似患者的发音了，于是埃尔克森来到医院之后用同样的语言与患者进行沟通和交流，这病人一看特别兴奋，也用这样的语言和埃尔克森进行对话。通过这样一段时间的对话，埃尔克森在患者不注意的时候，突然说了一句英语，而对方条件反射也回答了一句英语。不知不觉间，这种英语提问和交流的频次由少变多、由慢变快，慢慢地让这样一个患者恢复了说英语功能。

PART 04 学会倾听：拉近彼此的心理距离

这个案例告诉我们：如果要影响、改变和我们立场不一样的人，首先要做到的是认真地倾听并站在对方的角度和范围去开展沟通。可能有人会认为这是同流合污，是改变自己的原则和底线，是让自己没有节操，这种想法是错误的。

我曾经给一些终端店面做培训，他们的销售和导购人员说："老师，遇到客户投诉时如果是客户的错，难道我还要向他认错吗？"我说："是的，即使你认为顾客错了，也应该说他对。因为说他对不是你真的认可他，而只是解决问题、达到目标的一个必要过程和必要手段。"如果没有这样一个认可和倾听，那么最终的结果无法达成。所以并不是要你真的委屈自己或让你改变思想，认为顾客说得对，只是让你使用这样的一个技术和手段去完成你的目标。这个技术和手段的原理就在于，我们永远无法改变那些和我们不一样的人。我们只有先和他们变成一样的人，才能够影响到他们。先跟后代的节奏分为了五个基本步骤：情绪认同、引导表达、给予反馈、回归理性和主动呈现。

情绪认同

当我们在与人沟通的时候,在听别人说话的时候,首先要持有同理心,不要带着太多自我评判和经验去倾听。当我们倾听完之后,我们再来做第二件事情。就是不管对方说了什么,我们不要急于反驳,先对他的感受和情绪进行认可。去认同他的情绪,让他感觉到你和他是共情的。

引导表达

当一个人在与你倾诉表达的时候,其实内在是有一股能量和冲动的,如果你总是说这不对那也不对,当你用这样的方式跟他说话的时候,他会觉得能量被压住,会更不舒适。所以这个时候我们要多提问。比如:你为什么会这样想?你是怎么看这件事情的?我能了解你大概的想法和感受吗?我们通过大量的提问,来让他进行表达。

给予反馈

很多倾听者在别人说话的时候经常会跟木头一样杵在那儿，甚至有时看都不看对方。这样就让人感觉很尴尬。我们应该有一些反馈，这个反馈我们会在后面具体来讲。

回归理性

当他的情绪发泄得差不多的时候，他会认为你和他是同一战线的，这时就可以谈一些具体的事了。比如，可以说我理解你的情感，理解你的感受。你觉得这个事情具体应该怎么解决呢？你可以提出类似于这样的问题，先听一听对方的意见，让他先出招，这个时候不怕先下手为强。因为他透露的信息越多，越能对他做分析和了解，从而针对性地来影响他和改变他。

主动呈现

这个时候，你就可以让对方听听你的意见。到这个时候再来说你的想法和感受。对方一般而言就会觉得你很理解他而且还与他是同一阵线的人。对方也因此愿意心平气和地来听你说话。

人与人的职场沟通当中,倾听是最重要的。当对方在表达的时候,我们一定要做到全身心地倾听,当我们发现对方的立场和理解不同的时候不要着急,先理解对方与认同对方,然后再慢慢地去影响对方。

PART 04 学会倾听：拉近彼此的心理距离

倾听技巧：给沟通对方留下良好印象

关于倾听，我们谈到了倾听的重要性、倾听的同理心、信息沟通的漏斗以及先跟后代等原则、方法和技巧，这些都算是我们说的心法和概念。除了这些心法和概念，沟通中的一些不在意、不经意的小行动和小行为也会影响倾听的效果。

我曾经在很多终端店面的培训当中做过调查，我从中发现一个值得反思的现象：很多时候顾客到达店面之后，价格、款式以及品牌等都没有问题，最后却没有成交。

我经过走访调研发现，顾客更在意购买时的感觉。这种感觉来自销售人员或者店面整体环境，顾客很有可能因为销售人员的一个眼神、一个微笑就决定购买。

我想说明的是，在人与人沟通的时候，对方不仅仅关注你的肢体动作、语言表达、语音语调，还有一些小细节可能会影响跟客户的沟通效果，我们把这种情况称为无意识沟通。

无意识沟通就是指我们在沟通的时候，某些因素已经影响到了对方，但你并不知道是什么原因所引起的。在沟通过程中，哪些倾听行为会影响到对方的无意识，让对方产生不舒适的感觉呢？我们又应该怎么做才能增强对方被尊重的那种舒适和信任感呢？

真诚微笑

人与人的第一印象在见面的几秒钟就产生了，且根深蒂固，短时间不会改变。第一印象的影响因素有很多，例如一个人的表情、语言、说话方式、肢体语言、穿着，包括沟通过程中了解到的背景、身份等信息，都会对第一印象产生影响。下面我们来看看，我们倾听的时候，身体的哪些部位会影响我们的第一印象或者对方的感觉。

PART 04 学会倾听：拉近彼此的心理距离

面部产生的印象主要来自我们的微笑和眼神。关于微笑，很多人说要露出八颗牙齿、嘴角上扬、眼睛直视前方、肌肉放松等。我们在图书和百度上都能查到这些标准，但是你觉得这种标准"生产"出来的笑容，能打动人吗？你去看那些礼仪小姐、空乘人员的培训，叼根筷子、顶本书、靠着墙，这样培训出来的微笑是经过强化训练而形成的肌肉记忆，而且常常是职业化的、僵化的。

科学研究证实，一个真正的微笑来自一个人的眼角鱼尾纹和太阳穴之间的这块肌肉，它的名字叫眼轮匝肌，也叫微笑肌。因为这是一块不受意志控制的自主神经肌肉。

自主神经系统无意识地调节身体机能，比如心率、消化、呼吸，等等。因为它不受人的意志支配，所以人无法随时都产生饥饿感，也无法自主调节皮肤温度，包括感觉到冷时起鸡皮疙瘩。与此相同，微笑肌的收缩也是受自主神经控制的，那他在什么情况下才能动起来？人发自内心、真实愉悦的开心，它才会动。

所以说，一个人是真诚的微笑还是皮笑肉不笑，我们很容易分辨出来。在倾听和沟通的时候，如果你要展现良好的微笑，重点不是你有多深的技巧，而是你是否发自内心。总之，我们认为真正的倾听或者沟通之前，调整你的内心状态至关重要，要表现出你的诚意和对沟通目标的关注。

目光交流

我们知道人与人在交流和沟通的时候，如果没有目光的交流，会让对方觉得不受尊重，对方会觉得你不礼貌或者对话题不感兴趣。所以目光交流对沟通非常重要。

但是目光交流不能太过，目光不要停留在对方的眼睛上。要是眼珠子瞪眼珠子，那多尴尬。那么目光停留在什么地方比较合适呢？答案是两个三角形。一是眉毛两侧与鼻心形成的这个倒三角，二是眉心到肩膀两侧这样一个正三角、大三角。我们的目光可以在这两个三角形之间游移，频率大概是3—5秒钟一次。千万不要盯着一个地方不停地看，比如盯着对方鼻子看，他还以为鼻子上有饭粒儿呢。所

PART 04

学会倾听：拉近彼此的心理距离

以目光在两个三角形区域来回地移动,这是一个比较标准的目光交流方式。

所以,我们在与人沟通的时候,要保持一个良好的面部表情,调整状态、展现微笑,同时可以通过目光的游移来表示对对方的尊重。

当然,有些人可能不看着你,而是双手抱胸、摸着下巴或者眼球看向左下角。这个时候他可能在思考和回忆,也有可能是处于一种认真倾听的状态。所以也不能完全通过对方有没有看你的眼睛来判断对方是否在认真倾听。但当我们在倾听的时候,一定要主动做好面部表情。

身体姿态

我们都知道人的身体是不会说谎的,那么身体什么部位最诚实呢?很多人会认为是眼睛,但其实人体最诚实的部位是脚。我们发现,一个人在和我们沟通的时候,如果他的双脚脚尖没有朝向你,那么说明他对你所说的话是不信任的,甚至不想和你继续沟通。

所以我们要养成一个良好的习惯，就是跟人说话沟通时，双脚的脚尖最好直面对方，让对方感觉更有信任感。当然，身体微微地前倾和后仰都是可以的。

点头赞许

除了面部表情、身体姿态，我们还需要在对方说话的时候给予一些反馈，包括点头、竖起拇指、记录，等等。点头是一个非常好的认可对方的动作。

我记得有一次在成都一家企业讲课，学员都是刚入职的新员工，有一百多人。我当时就对最后一排的一个穿红色衣服的男孩印象深刻，因为从我一开始讲，他就不停在点头，我就认为他一定听得很认真。于是我就找机会跟他互动，我说："小伙子，你觉得我讲得怎么样？请给大家分享一下你学习的心得。"

对方站起来一脸茫然地看着我："赵老师，你讲到哪了？"他根本就没有听。不过我当时的感受还是不错的，就是因为他不断、频繁地点头，让我感受到了那种被尊重的舒适感。

PART 04 学会倾听：拉近彼此的心理距离

合理打断

我们在跟人说话的时候被人打断，会感觉很不舒服。可是有些人你不打断又不行，因为他可以喋喋不休地一直跟你说。最可气的是，他说完了，还没等你说话，他就拍拍屁股走人了。这个时候你可能心里会憋着一股子火却无处发泄，沟通的目的自然也无法达成了。

所以当我们遇到一些话痨、思路不清晰或者表达有障碍的沟通对象的时候，我们可能需要去不时地打断他，通过打断来引导谈话的方向。虽然说尽量不要打断别人，但是如果非要打断的时候，我们应该怎么办？

首先是要找切入口，而且是有话术的。我们可以在对方停顿、过渡或话题转换的时候打断他，说"不好意思，打断你一下……"然后再来说你的话。

其次，除了找到合适的切入口，打断对方也要找好时机。不要在对方兴高采烈、唾沫横飞的时候，你说"不好意思，王总，打断一下。"这样对方会因为戛然而止而尴尬。正确的时机应该是在对方的停顿期和间歇期,作为切入口来打断他。

多听少说

  这个很简单,就是沟通时要更多地去倾听、提问,而少表达你的意见。除非是到最后做总结性发言的时候。

适时记录

  最后一个小技巧是适时记录。这是个非常好用并被广泛使用的技巧,既能作为备忘资料,也能体现我们对沟通交流的重视。

  我曾经跟公司的一位领导参加和一家德国企业的会谈。会谈开始后,我的领导习惯性拿笔做记录,却发现那天他的笔写了没几下就没有墨水了。如果是你在一次商务谈判场合遇到了笔写不出字的尴尬情况,你会怎么做?我相信绝大部分人的第一反应会是:这有什么呀?大不了找对方再借一支笔。

通过复述对方的话来进行共情倾听

我最近真的累坏了。我们公司给每个人的业绩指标压力都很大,感觉在这家公司工作真的好辛苦。

最近你的工作压力很大,老板不理解你,你是想说自己很累,对吗?

对。和我同期进公司的同事都升职加薪了,我做的明明不比他们少,却一直在原地踏步。

那你现在是不是比较难受?别人涨薪而你没有,你因此感到不开心,对吗?

复述对方的话是共情倾听的一种技巧。感受对方的意图并重复对方的话可以使对方感觉被认可、被关注,是种比一味劝说更好的沟通方式。

可是，对方是家德国或者日本企业的话，最好不要这样做。因为他们非常在意细节，他们可能会想：你是来给我们做咨询、做培训的，你的准备工作做得不够细致，没有备选计划和风险计划，为什么没有带两支笔？为什么昨天没有检查你的笔？这些细节问题可能会给对方留下不好的印象。

所以在整个会谈过程中，这位领导按着本子，用一支没有墨水的笔假装写了两个小时。会谈结束之后，他让我赶紧把今天会议的内容整理一份发给他。

当时我对他的这种做法很好奇，他回答说："在沟通当中，特别是在这种职场沟通当中，有时候记录这个行为本身会比记录的内容更重要。因为你会向对方传递一个你很专业的信息，也可以表示你很尊重和在意这次沟通。"

这就是我给大家分享的倾听技巧。希望大家在以后的职场沟通场景中，在倾听对方发言的时候，能够注意上述注意事项，相信会帮助你更好地沟通。

PART

05

看人说话：以对象为核心的情境沟通训练

与领导沟通：
主动询问而不是等领导来问

这一节我们把前面所讲的一些具体内容落实到职场沟通当中，用一些职场中的具体情景和案例来帮大家分析。在多年从业经验当中，经常会与人力资源部和职场新人打交道，我会问他们一个问题：作为新员工，你觉得和领导在一起工作最困难的地方是什么？调查结果如下：

名称	比例
沟通不畅	66%
授权、信任不足	13%
指导、帮助不到位	8%
工作方式不同	8%
其他	5%

PART 05 看人说话：以对象为核心的情境沟通训练

与上司互动最大的难题是沟通，占据了66%。这说明，上下级之间在职场中的沟通问题是目前一个最大的问题。由于他们的沟通方式、沟通模式、沟通技巧上都不匹配，才导致了工作成效上的浪费。那我们就来聊聊如何完成在职场当中与不同上级、与不同下级、与不同同事的沟通。如果过于高傲自大，过于觉得自己很优秀，而不遵守一些职场的规则，有可能连自己怎么失败的都不知道。

一谈到与上级或领导沟通，我们都觉得真是一件特别难的事。很多人经常说："我都不爱跟领导说话，因为领导这个人怎么怎么样，要不是工作，我都不愿意搭理他。"当然也有很多和领导沟通非常顺畅的案例。除了这样的领导具有人格魅力，情商又比较高，比较喜欢关怀下属之外，下属与领导沟通时也是需要很多方法和技巧的。

摆明态度　端正心态

很多人害怕、恐惧与领导沟通，这其实是可以理解的，但当这样的情况出现后，我们有两种选择：一种是退缩、逃避，这会让我们的沟通越变越少，越变越艰难；二种是主动面对，积极地沟通问题和沟通困难，尝试与领导更多地协调来主动改变这样的状态。我们要了解领导的角色，他们时间有限，而且下面不止你一个员工，他更希望员工能够帮他排忧解难而很少主动愿意来帮你解决问题。很多领导会有这样一个想法：让你到公司来工作，不是来免费给你培训的，是需要你帮公司解决问题的。因此，我们要学会四个字：主动询问，或者叫主动反馈。如果你不主动去找领导沟通，除非问题非常严重了，领导才会来主动找你沟通。

我们说主动反馈，是让领导了解你的问题，让领导知道你的困难，这是作为一个新人和下属应该要做的。当然很多人会想：多一事不如少一事，有问题自己扛。有的新人刚入职，真不好意思跟领导开口，因为害怕领导觉得自己没能力。其实不必害怕，作为新人，你本来就有很多地方需要学习和提升，没能力何必要装有能力，装得了一时装不了一世，时间一长自然会暴露，因此没能力就谦虚问，虚心学；有人

PART 05 看人说话:以对象为核心的情境沟通训练

也会认为领导很忙,领导不喜欢我问他。恰恰相反,只要你能够有计划、有规律地在不打扰他的情况下,不过于频繁地询问,领导反而会觉得:这个新人和下级不错,工作很认真。所以当你有这两个心态转化的时候,就会主动向你的领导进行反馈。但这里有个前提,因为领导的时间不是你决定的,所以在反馈的时候要提前和领导打好招呼,可以询问他周几的什么时间段方便沟通,不要临时空降到领导面前。最好能把这个时间段或者时间点提前定下来,要做到主动询问、定时反馈。

现场服从

作为一名新生代员工,有时会出现我们的想法和领导不一致的情况,甚至客观分析下来,领导的这个决定和决断有可能是错的,那我们到底要不要服从呢?有的人会说,不管怎么样,西点军校的精神就是服从、服从、再服从。但我个人并不这么认为,因为当你内心并不认同但又被迫去服从认为的一些错误安排或者错误指令的时候,其实内心是有反抗心理的,这种反抗和抵抗时间一长,一定会以其他的形式爆发出来。在心理学有一个定论:凡是被压抑的、没有表达的情绪,它只是被活埋,并没有消失,总有一天它会以更加丑陋和失控的方式表现出来。因此,并不是所有的事都要服从,但起码要做到现场服从。领导的职位、威严甚至是面子还是要给的。而在私下,如果你有不同的意见,可以去跟他表达。当然这个还要涉及你所在企业的属性、环境和条件,一些企业文化相对封闭,也不需要员工有太多想法,在这样的环境下,你安安心心地执行就好了,当然前提条件是你认可这样的企业和文化。在这样的企业中,你就不用过多反馈。然而如果是一个文化比较开明、开放、多元的企业,领导也喜欢下级多提意见,那么你就可以多提意见。

做选择题而不要做问答题

很多时候领导安排一个任务后,没有工作经验的新人会直接拿着问题去问领导应该怎么做?绝大部分情况下,领导会把桌子一拍说道:"我让你做的工作,你来问我怎么做?那我何不自己做,要你还有何用!收拾东西回家吧!"这时,可能有人在想:不是刚刚还说要主动询问吗?要记住主动询问的前提是已经尽你个人的努力,做了足够的工作以后再去询问。比如:细致地查询资料、询问同事、自己根据经验或是充分思考,当你做了一些相应的准备和动作之后,具体问题上有困难,这个时候你是可以找领导求助和主动询问,而不能什么都不做,一遇见问题直接去找领导,那真的是要你有何用。除此以外,在给领导做选择题的时候,最少要有2到3个方案,并且对三个方案要做一个简要的说明,我们在前面分享过可以通过金字塔结构法来呈现。让领导选择其中的一个,而不要直接去问领导我应该怎么办。

与下级和跨部门沟通：
在工作中建立情感连接

在职场中与上级沟通，我们谈到了一个原理叫作落差原理。就是上级会对我们有一个期待，如果满足不了那个期待，这样的沟通可能就会失败，或者对方对你的印象分就会降低。那与下级沟通时我们又要注意什么？在与下级沟通的时候，我们会发现产生了一种变化，曾经我们谈到管理时更多谈到的是管人理事，人由具体的制度来管，事由流程来管，所以好像我们只要有自己的经验，论资排辈到一定的时候了，都能做个好领导。但现在的时代并非如此。现在我们发现管理模式越来越新颖，出现了情景化管理、赋能式管理、情景情商领导力。好像以前只要有经验有专业，就可以做一个好领导，但现在并

PART 05 看人说话：以对象为核心的情境沟通训练

不是这样，要做一个好的领导，要具备对员工的情绪理解、关怀能力以及个人情商。因为以前的员工有更多的集体主义，有更多的奉献精神，靠制度和信仰就可以有效地去管理，而现在需要多元化，这个时候我们可能需要用不同方式来进行管理。

情感连接

对下级的管理，以前是用制度生硬管理，而现在我们更多地需要和他们去做一些情感上的交流。比如说：对他们的关怀、了解家庭的情况、对他们生活状况的了解，对于一些单身的小伙子、姑娘们，领导还要帮忙给介绍个对象。其实就是这样一些关于日常生活的关心与连接，会让员工感受到你的热情和对他的关注。特别是一些比较稳定、比较在乎安全感的员工，更能从这种管理模式中得到认同感和理解感。

创造舞台

这个舞台就是指你不能让下属一直默默无闻、

没有挑战、没有成长地去工作，作为领导，你要考虑他的发展，要考虑为下属提供一个什么样的工作平台或者什么样的工作机会，可以让他有效地把自己的个人能力发挥出来。

在职场当中，促进人不断成长或者工作越来越良性循环的一个主要原因是这个人可以在他的工作当中找到价值感。如果一个人在工作里面没有价值，纯粹只是为了一份工资、为了一份薪水在工作，那么他的后继力将不足。未来他的个人发展也将极度受限，所以你是不是可以和员工坐下来相互聊一聊、看一看，了解他需要什么，他未来想要走到一个什么样的发展方向以及他有什么样的特长和特质。

我刚到北京时，在一家公司做小职员。领导大概每1-2个月都会找我交流，有一次他问我一个问题：接下来你在公司有什么样的打算？你希望公司除了支付给你报酬以外还提供给你什么？我当时直言不讳地对他说："我有可能在这家公司最多工作两年，以后希望从事一份自由工作。"他是一位很开明、

PART 05 看人说话：以对象为核心的情境沟通训练

很明智的领导,我告诉他这个想法之后,他表示非常理解,并且依据他的经验给了我一些建议,他还出资让我去报考了心理咨询师和企业培训师的证书。

当一个领导能够为他的下属提供未来的指引,帮助下属创造更多舞台的时候,员工将会更加死心塌地工作。虽然我现在离开那家公司已经很多年了,但只要有相关的客户和资源时,我都会介绍给他,他曾经向我提供了帮助,我现在要给予他更大的回馈。

规划蓝图

阿里巴巴在创业之初,资金和条件都很有限,他们靠的是什么？靠的是马云有一个非常精细、现实的未来规划。这个规划得到了所有人的认同,而且大家有了这样的方向和目标,共同往这个方向去走,这就是一种企业价值观和文化。如果说在一个企业当中,不能为你的下属和团队规划一个基本的未来,不能让他们看到未来的方向,那他们很可能会选择意志消沉,甚至最后离开这样一个团队。

明确目标

很多领导在跟员工布置任务的时候说话模棱两可。比如说：尽快完成某个任务、请你带上相关资料到我办公室来。什么叫相关资料？什么叫尽快完成任务？像这样的没有节点、没有相应要求的指令，会让员工无所适从。所以从时间、地点、具体的标准参数以及质量要求的陈述上，我们都需要给员工、特别是新入职的员工一些相应的标准和指引，让他们在标准和指引的范围之下去完成工作。

四个基本点跨部门沟通

跨部门沟通的过程也是两个不同的部门通过沟通达成合作的过程。因为每个部门所负责的任务不一样，很多时候需要两个或是几个部门共同完成一个目标。但由于每个部门的工作负责以及所得到的利益都不同，那这个时候我们需要怎么做呢？记住这四个基本点：平等尊重、加深交流、信息共享、明确利益。

平等尊重。别人请你帮忙也好，你请别人帮忙

PART 05 看人说话：以对象为核心的情境沟通训练

也罢，你们没有上下级关系，如果你在这个时候给对方带来的感觉是你高高在上，就会让对方在合作的过程中出现一些弊病和问题。所以无论是你找别人，还是你别人找你，只要是双方相互合作，大家就要保持一个最起码的尊重，不要居高临下，也不要妄自菲薄。

　　加深交流是在同事之间需要做的事情。比如在工作闲暇之余，跨部门的同事间可以出去吃个饭、打打球、爬山、一起聊聊正在追的剧、最近在看的一本书，等等，别看这些沟通和聊天好像没有什么价值，但它可以有效地增进彼此的感情，让对方拉近与你的防御距离。一个是单纯的同事，一个是同事加朋友，当对方遇到困难、需要协助的时候，你更愿意选择哪一个呢？所以别小看这些兴趣爱好、交流或者日常生活当中的接触，它更多的是为了去加深连接你们的情感，让你们在共同沟通交流的时候有一个更明确的、稳固的情感来做支撑。

　　信息共享。每个部门都有属于自己的相应的一些流程、管理模式和看法，如果在沟通合作的时候总是藏藏掖掖，对方可能会觉得你不够诚心、不够诚

高情商职场沟通课：
让你能说会做的读心说话术

实，所以信息共享是跨部门沟通、项目合作甚至是多次合作交流的基础，要把项目、事件和工作有推进的一些数据和资源分享出来，与大家共享。

明确利益。我在给一家广告公司做咨询的时候，遇到过这样的情况：他们会有创意部、项目部、设计部等，几个部门在一起合作，有一个参与项目的部门完全没有任何获利，或者任何可看得见的项目预期收获，所以在项目会议过程中，他们显得无精打采，也没有什么积极性，后来我们发现了这个问题，主动提出给他们一些利益点：因为这一次我们的预算已经确定了，下一次我们追加和你们部门的合作，并且可以从下一次的合作当中得到相应的提成。这一次项目做出来后，上面有你们部门的名字以及主要负责人的名字，为部门做一个内外部的宣传。当这两个利益点一出来，对方的沟通质量以及积极度明显上升了。我们叫作天下熙熙，为利而来；天下攘攘，为利而往。每个团队、每个人，都有自己的利益需求，我们不能完全指使别人无偿地给我们帮忙，这样的关系是无法持续的。

PART 05 看人说话:以对象为核心的情境沟通训练

与客户沟通:赢得客户信任的三个要点

无论是上级、下级还是跨部门同事,其实都属于组织内部的沟通,怎么说还算同事一家亲。当我们把沟通的目标转向外部的时候,就是和客户沟通的时候,这时我们又该如何去做呢?

先来思考一个话题:我们为什么要和客户沟通?原因很简单:我们希望客户完成购买,希望从客户那里获得成交和利润。所以我们与客户沟通的唯一目标是成交。既然成交是我们销售的主要目的,那我们在与客户沟通注意事项的时候,就要围绕如何促进成交来谈。用短短一个章节是无法谈透销售这个话题的,但如果把销售这个事情放在沟通这个环节上来谈,就比较容易理解了。在与客户沟通的过程中,我们更多要考虑的是怎么能够把我们的产品和项目交付给对方,完成这次的销售行为。

信守承诺

我对销售的理解是:在一定的时间之内和一个陌生人建立信任关系就叫作销售。因为信任关系建立之后,你的产品就好卖出去了,这个信任关系的建立需要你的专业、需要产品的质量、需要外部的环境等,有很多因素会影响对方的需求。在与客户沟通的过程中,怎么才能更好地加深信任呢?我们在沟通上面说了很多,对对方造成影响的因素很多:第一印象、言谈举止、着装等,这些都是为了让我们加深信任的相应工具,所以在与客户沟通的时候,我们做一个定义:就是不断地加深客户对我们的依赖感和信任感。在与客户进行沟通交流当中,要养成一个良好的习惯。这个习惯也可能是很多人不在意的,叫作准时准点、信守承诺。你要么不答应客户,如果你答应了,就一定要说到做到。

记得有一次在外地讲课,有一个客户在北京,我定了当天晚上的机票,可是飞机因为天气原因取消

PART 05 看人说话：以对象为核心的情境沟通训练

了。与客户约定的时间是第二天早上9点，我必须要在规定时间点到客户那里。这一次的交流非常的重要和关键。当时我毫不犹豫地决定飞机不坐了，不管能不能退，这个损失个人承担。然后直接租车，从山东青岛连夜赶回来，一夜没有睡觉。第二天早上准时赶到客户公司楼下，和他进行交流，而且我没有告诉他事情的经过，后来他通过我的朋友圈知道了这个事情，看到之后特别感动。虽然这个单子最后没有成交，但后来我们成了很好的朋友。

那个单子虽然没有达成，但后来有好几次的培训和咨询项目，他从中帮我引荐了很多客户。通过他的介绍，我获得了比那一次项目更多的利润和价值。这里谈的不是付出，而是职业操守。对于顾客准时准点、信守承诺非常重要。我经常连着培训10天20天，几乎不睡觉，很多客户要的方案根本没有时间做，有时凌晨3-4点才到酒店，但我都会完成方案，保证按时交给客户。第二天早上6点钟起来上课，这是我认为的对客户信守承诺。

探明需求

有的客户可能对自己的需求也不是很明确。我在工作中也经常会遇到这类客户。有一次客户跟我说:"赵老师,我们这有一群管培生,已经入职一年时间了,今年他们要换部门工作,但是我发现这群管培生的状态好像不是很好,他们好像对未来的工作和职位不是特别地明确和了解,这个时候我们应该做一些什么样的培训呢?"你看他在产生购买之前,可能并没有明确需求,这个时候作为专业方,我们应该去详细了解事情的过程以及背后相应的原因,通过我们的专业来帮助他们明确需求。明确需求之后,你需要让对方来进行反复的确认。如果对方已经有明确的需求,但对方不会表达或者没有告诉你,这个时候我们就可能需要一些销售的工具了。比如说:销售九宫格、销售中的提问、销售技巧等。只有有了需求,根据需求来进行沟通,才更能达成销售的成交。

PART 05 看人说话：以对象为核心的情境沟通训练

专业制胜

我一直在思考这样一个问题：为什么在目前价格战如此频繁、产品同质化如此剧烈的情况之下，还有很多人会一直信任我，一直来找我做培训合作呢？相信其中有一点是：我要给客户足够的专业感。那么这个专业性，是怎样产生的？

有多少职员经历过这样的一个现象：客户会直接问你为什么要把这个产品卖给他。很多学员的回答是："因为我告诉客户我很专业。"专业不是靠嘴来说的，是要靠行为来表现出来的。对于产品的了解、对于产品的参数、与其他产品的不同、核心优势等都要有详细的了解。

我在培训的时候会讲一门课，叫作情绪和压力管理。很少有老师在讲课的时候能够在现场直接帮助某些学员解决情绪和压力的问题，而我会直接让员工把他的问题拿出来，放在桌面上，使用我的专业技能让他的情绪得到现场调整。当这样的一个场景出现之后，学员的幸福度、信任感以及我们的专业感就被塑造出来了。

其实刚才我们说的这一切都是为了建立信任。如果在和客户沟通的过程中，你的信任感能够得到体现，客户能够对你保持信任，那么合作就将持续下去。在沟通的时候我们已经谈到了如何建立信任：我们的面部表情、身体姿态、穿着打扮、说话技巧，这些都和建立信任有关，但在与客户沟通中，更需要的是用你个人的信守承诺、需求探析和专业制胜这三点来支撑。

PART 05 看人说话：以对象为核心的情境沟通训练

跨性别年龄沟通：
认识四种常见沟通对象

今天聊聊如何与不同性别的沟通对象沟通和与长者沟通的注意事项。我们已经了解了很多关于沟通的知识，比如：怎么说话、怎么倾听、怎么控制自己的情绪、怎么有效地表达，等等。其实沟通的技巧和沟通的方法是一个死的知识、死的技能，最终把它用活的是什么呢？当然是人，对于在不同的情景、不同的环境、不同的对象，我们要使用的方式也是不一样的。如果说一个人总是一招鲜吃遍天，迟早会碰得头破血流。外部情况总是在不断地变化，我们的对象也不一样，只有找到对方的正确需求，根据不同的情景，因地制宜、对症下药，效果才会好。

与女性沟通

当年有一首很火的歌曲叫《女孩的心思你别猜》,歌中有这么几句歌词:"女孩的心思男孩你别猜,你猜来猜去也猜不明白,不知道她为什么掉眼泪,也不知道她为什么笑开怀。"

女孩心思真的难以捉摸,我们需要了解她们的特质来"对症下药"。女性相对比较容易陷入感性的情绪中,我们在前面说过,女性的大脑结构和男性不同。大量的观察结果表明:女性进入负面情绪,比如:愤怒、委屈、悲伤等情况下的时候,大脑的水平激素和神经传递功能会降低,这个时候没有什么理智可言,跟她说话是听不进去的。因此,在和女性沟通交流的时候,要学会安抚她的情绪。这也就是为什么女性这么喜欢被别人理解和安抚的原因。身边很多人经常会说没法跟自己的老婆沟通,我想问:你对她有足够的安抚和安慰吗?光跟她讲道理是没有用的,要学会注意观察女性的情绪,需要时予以安抚,让她的情绪平静下来。在日常的生活中,我们发现

PART 05 看人说话：以对象为核心的情境沟通训练

女性的计算能力和理性思维能力也会稍弱一些，她们更偏向于感性，更注重于过程。

> 记得我们读书的时候，每到教师节都会给老师写贺卡。记得我们班上男生和女生在贺卡上的留言区别就非常明显。
>
> 女孩子写贺卡的时候，经常写道：谢谢老师对我的栽培，我会一直想念您，我还记得曾经某年某月某日，您给我一个很大的帮助，我会铭记终生，以后会经常回来看您。写得真是潸然泪下。而男同学写的就很简单，四个字：师恩难忘。

女性会更多地喜欢表达，因此需要去注重她的感觉，让她在说话的时候多说。女性比男性更喜欢说话，因此和女性沟通时记得要让女性多表达。除此以外，女性对于事物的关注点也与男性不一样，她们在表达过程中，可能没有那么清晰与准确，我们要多去理解和领会其中的意思。

我有个朋友，有一天他在家里休息，他爱人就给他打了个电话说："老公，天快要下雨了，你快把阳台上的衣服收进来。"结果她老公真的只是把阳台上面的衣服收了回来，居然把裤子还晾在了外面。回来之后老婆生气说："你怎么不把裤子都收进来？怎么只收衣服！"男性的思维比较直接，老婆让他收衣服他就只收衣服。

这个时候我们发现：女性在表达的时候会笼统一些，没有那么的理智和细致。因此，与女性沟通时，要注意以下几个方面：第一，关注她的情绪；第二，多给她一些安抚；第三，更多地注意情感波动；第四，谈到具体事情的时候，要注意她说的事件本身是否足够具体，避免产生误解。

与男性沟通

男性是雄性动物，远古以来，除了母系氏族，都是以男性作为一个家庭的核心。因此他们非常要面子、要权威。这个时候就要注意男性的面子，要更多地和他们谈一些比较理性、比较数字化和结果导向

看人说话：以对象为核心的情境沟通训练

的事。比如：和男性沟通的时候，我们就要多注意，这位男性是否有具体的利益上的需要、具体流程和细节上的需要，而少和他们去沟通交流一些感性的东西。如果你和男性同事或男性上司交流，要多从这个事情具体怎么做、它的细节有哪些、要完成一个什么样的目标和任务的角度去沟通，而不要过多地去说：感觉怎么样？累不累？辛不辛苦？这一类的内容和女性沟通会合适一些。

和男性沟通要注意他的权威性，男性更喜欢去控制和掌控事情。男性会比较在意是否有足够的掌控力，如果你的男性上级是一个非权威对象，那么在与他沟通时，要注意他所说的话是否有指示性和暗示性，如果有指示和暗示，要听出弦外之音，适度满足下他的权威性。

与长者沟通

在职场中，我们也经常会遇到一些作为长者的同事或是领导，那么在与他们沟通的过程中，应该注意些什么呢？首先，我们说老小老小，当年龄大了后，他们的社会价值感逐渐丧失，这个时候需要更多地去尊重、理解他们，让对方有更多的价值感体现。比如我们可以聊聊他曾经的辉煌史、提一提曾经的好汉之勇，真诚地请教某个事情上他们的看法和经验；其次，随着年龄的增加，有些人的思维可能会有些固化，与他们沟通的时候，一些新的观点或者新的想法，甚至是一些行为，他们可能会看不惯。这时他们会对你直接进行指责，会认为他们吃过的盐比你吃过的饭还多，走过的桥比你走过的路还多，这是老年人的一个明显特征。他们会以经验来压制新人或者压制年轻人，我们在沟通和交流的时候要注意，表面上一定要尊重他们的经验，但我们可以结合他们提供的建议和经验，根据自己的思维来做最后的判断。而不能直接去反驳他。

一位已经50多岁的人力资源部经理新招了一个刚刚毕业的实习生。这个实习生刚刚工作一周，第二周的周一就不来了。等了半天没人来，于是人力资源部经理给他打电话："小张，你这刚工作一周，

学会主动沟通而非被动表达

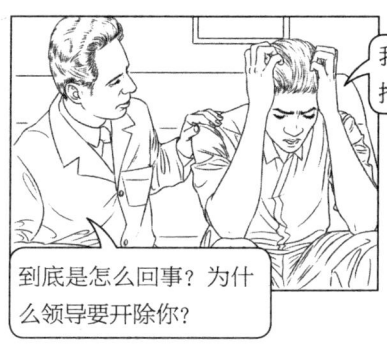

我完蛋了,领导会把我开除的。

到底是怎么回事?为什么领导要开除你?

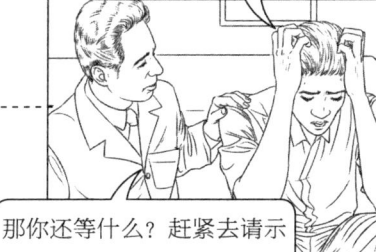

我上次在背后说客户坏话时刚好被客户本人听到了,他说要结束和公司的合作。

那你还等什么?赶紧去请示领导,看他能不能补救啊。

我根本就不敢去,他问我理由的话我根本说不出口呀。

你还是趁着事态没有恶化前去吧,他从你嘴里听到原委总比从别人嘴里听到后再来问责要好啊。

你说得对,我这就去。

人要克服在职场中害怕与领导沟通的心理,积极主动地与领导及时沟通自己的工作状况,而不是被动等待领导的问询。及时让领导了解你的近况与难处有利于工作的顺利开展。

怎么今天就不来了？"实习生说了一句："抱歉经理，不好意思。工作了一周，我觉得和咱们公司的企业文化不是很匹配，决定不来了。"当时经理听完之后特别的伤心与难过，觉得现在的年轻人怎么都这样，不来上班了，起码提前打声招呼，得跟我说一声，于是对已经准备不来的小张在电话里进行了一顿思想教育。小张哪听得下去，当即说道："行行行，停停停，我已经不是你们公司的员工了，您没有必要跟我说这些，好吗？"经理气急败坏地在电话里说道："我年龄这么大了，你都对我没有基本的尊重。我走过的桥比你走的路还多，吃的盐比你吃的饭还多。"没想到对方来了句："经理，您没事吃那么多盐干吗！"经理当时气得目瞪口呆。

他们用经验来制胜，用经验来教育职场的新人。所以我们在和职场中年龄比较大的长者或是前辈沟通的时候，要保持尊重和理解，不要当场让他们难堪。

PART

06

就事论事：以目标为核心的情景沟通训练

学会这四步,再也不怕工作汇报

在职场中,就事论事、以目标为核心的情景化沟通对于每个人来说都至关重要。什么叫以目标为核心的情景化沟通呢?就是在任何情景下或在不同的环境之下,都要有一个沟通目标。学会围绕目标来进行沟通,并且能够熟练掌握在不同的情况下的有效沟通。

汇报工作是职场沟通中一件重要的事。如果工作汇报不好,很有可能你辛苦工作的这些成果都不能得到有效地展现,就是俗话说的"竹篮打水一场空"。如何有效地把工作成绩呈现在领导面前、如何有效地去让领导对你的能力、对你的人品和工作状态产生认可,都是工作汇报必不可少的环节。我们在掌握工作汇报的技巧前,首先要清晰地认识汇报的目的是什么?其实很简单:汇报就是一个让领导认可个人、认可工作状态、认可团队、认可工作成绩和我们能力的过程。

PART 06 就事论事：以目标为核心的情景沟通训练

那么，工作汇报到底由哪几部分组成呢？应该是这四个部分：前期准备、材料整理、注意事项和汇报总结。

前期准备

做汇报可以根据时间、地点、环境分为很多种：口头汇报、文字汇报、非正式场合汇报等。如果是正式的会议性汇报，则分为：周报、月报、季报等。完成一场完整的项目汇报或者一个阶段性的个人工作汇报，就是一个比较公事公办的正规形式。有很多人一谈到正规汇报、工作呈现的时候，就会产生一种紧张的情绪。而紧张的情绪是源于担心自己汇报不好，怕别人不认可自己。

因此，缓解紧张情绪的有效方法就是：提前做好相应的准备工作，并且要反复练习。把准备工作不断地去进行重复，不断地去进行筛选，让自己对汇报了然于心，同时要不断地进行练习。在汇报之前，要像准备一场演讲一样来做练习。只有不断地练习，才能让你的准备工作更加充分，从而降低你的紧张感。经常会有人问我：老师，人为什么会在很多场合中紧张呢？紧张的原因会有很多种，但当你准备充分、胸有成竹的时候，你对这件事情的把握和能力就会被提升，就不会再产生过度的紧张感，这样才能为你的工作汇报打下良好的基础。

材料整理

只有我们对于一件事情有期望、有欲望、有动力的时候才能把它做得更好。如果欲望、动力、期望，偏离于现实太多，那么最后的结果会给你很大的打击，就是我们俗话说的：希望越大，失望越大。对于自己工作汇报的预期要有一个相对客观的认识。汇报之后，对于大概得到领导一个什么样程度的评价和认可，要有一个基本的预期，这个预期不可太高，也不可太低。

当我们放平了心态，调整了预期，我们就进入到材料整理阶段。这个材料的梳理与整理，可能是各种形式的，有Word文档、图表、照片、PPT等，但要注意的是：材料整理要重点突出、要简洁、要逻辑清晰。领导没有那么多的时间，或者绝大部分的领导也没有时间去逐字逐句地听每一个员工汇报工作。

PART 06 就事论事：以目标为核心的情景沟通训练

在材料整理的过程中要记住下面三个重点。其一，学会用金字塔结构让内容更具有条理性。把你的主要内容以开门见山的方式表达出来。例如，在汇报中可以讲道："领导，在本次的工作汇报当中，我主要跟您汇报下在今年第三季度中完成的一个项目。这个项目完成得非常成功，得到了客户领导的一致认可。接下来我会从三个方向来汇报此项目的情况：一、项目的整体情况；二、项目的成绩；三、此项目中我们的反思与不足。"当用这样一个方式来呈现的时候，领导会觉得这个汇报非常有结构性、条理性。然后把你要表达的重点，在汇报呈现的时候，用红色字体或者亮色字体标红或者标亮，以便于吸引领导的注意力和目光，从而能够让你最重要的内容得以传递。其二，在准备材料的时候，数据一定要严谨、要翔实。我们说用数据来说话，用数据来证明，因为这会比你讲理由要更有效果和说服力。其三，我们在准备材料的时候要有备份内容。以免当领导问起你更多材料或者更多内容的时候哑口无言，没有准备。我们需要做一个相应的备份计划。

注意事项

在工作汇报的过程中，我们往往投入在汇报的过程，而忽略了很多的细节，而这些往往是工作汇报的关键。

第一，人在汇报和讲话时，特别是在公共场合的情况下，要避免讲话和交流的时候语速过快。所以在汇报和公共讲话的时候，要下意识地减轻和降慢自己的说话速度。

第二，在讲话的时候，要调节自己的内在状态来增强自信。如果连你都不相信自己讲的东西，都觉得没有用，那么你在汇报的时候或者在呈现的时候，状态一定会是低迷的。一名优秀的销售一定相信自己的产品和专业度。连自己都不相信，连自己都骗，还怎么去影响别人呢。因此，我们说在汇报的时候，一定要对自己所讲的内容烂熟于心，而且对自己讲的内容充满自信。

第三，一定要有一条主线贯穿汇报的内容。很多人都是讲着讲着就讲到别处去了，怎么拉都拉不回来。本来在进行个人的工作汇报，结果讲到风马牛不相及

PART 06 就事论事：以目标为核心的情景沟通训练

的地方去了。本来是进行工作汇报的，结果讲到别人对你工作上的支持、别人对你工作上的阻碍上去了，那这个工作汇报就不成功了。你可以讲别的内容，但注意讲完别的内容之后一定要回到主线上来，紧扣主题。

最后一点是职场的一个非常有意思的小技巧，即适当地去表现你的不足，这是心理学里面非常重要的一个概念——非完美印象。如果一个人过于完美，那么对方就会产生压迫感和嫉妒感，你周围的同事包括你的领导都会有一种不舒服的感受。一个人能够在适当的环境和情况之下，适当地自曝其短，说出自己的一些不足和困难，对方反而会觉得这个人很诚实、很诚恳。所以建议你在做汇报的时候，不要一味地吹嘘自己有多大的成功，别人怎么喜欢你、怎么认可你、你给公司挣了多少钱，应该适当地讲一讲：在这次工作和项目当中，你究竟遇到了多少困难，如何解决了这些问题，有哪些值得反思的地方等，或者寻求他人的帮助才完成的。但要记住这些所谓的不完美不能和你的人格相关。比如说你欺骗别人、违反一些基本的人格道德和原则性问题都是绝对不行的。而所讲到的这些不完美要是通过训练可以成长的一些能力,而不是智力的问题。如果你说:"领导,那天考虑这个事的时候是我脑子拎不清,是我的智商导致的。"这是不行的。但你可以说:"这是由于我的表达能力不足,还需要进一步提高。"表达能力、倾听能力是可以练习的。你遇到的问题、说出来的问题不要和你的人格相关,不要和你的非成长能力相关。

汇报总结

最后一点就是要画龙点睛,就是要进行总结。总结的技巧有首尾相互呼应,在你工作汇报的结尾处要记得紧扣主题;加入一些感性成分和感性色彩来表达你的情绪和感受。比如:我特别激动、我特别兴奋、我特别的幸福、我特别快乐,把这样的情绪词表达出来。还要记得表达感谢以显示我们的谦虚尊重,需要对在场的其他人,以及在这个项目当中贡献过力量的其他人表示感谢。

以上这四个步骤就是我们在职场工作汇报的四个部分。

PART 06 就事论事：以目标为核心的情景沟通训练

有了这五点，谈加薪想不成都难

加薪是职场人最关心的话题之一。很多人都希望通过自己的努力获得公司的认可，从而得到加薪的机会。但有些人在职场中任劳任怨，跟老黄牛一样工作了很多年，工资依然少得可怜，却还是选择在公司继续做，这个时候你真要考虑下是否要找公司谈下这个话题了。当然加薪跟个人性格和生活态度也有关，很多人他可能真的不在乎或者不完全把工资这事放在第一位，他可能觉得稳定最重要。所以今天我们谈的这个话题是送给那些职场中想加薪、想跟老板去谈加薪，但是又不知道怎么谈的人。

应该怎么和老板来谈加薪，成功率会更高一些呢？有人可能会说，通过你说两句话就能成功加薪？注意！我们的沟通有个定义，你去谈加薪这件事情或者沟通这件事情，本来就是对他人的一种影响，沟通的目的是为了协调目标、达成目标,那什么叫目标?就是你还没有做成的事,通过沟通这件事情去完成的,所以我们说沟通或者说有效的表达一定会影响到别人,这个地方我们谈的就是如何影响你的上级或者老板。

心态一定调整好

其实谈到加钱加薪这件事,很多人会觉得不好意思,觉得我跟老板去谈加薪,老板会不会给我加?老板会不会觉得我很贪财?

首先,加薪之前先转变一下你的心态。这没有什么不好意思的,因为在职场一分耕耘、一分收获,如果你自己觉得你到达那个能力了,但是得到的收入和回馈不够,你的工作状态会是什么样?消极、被动、看不到希望,甚至有可能会离职,引起其他的一些变化。这个时候你的态度对老板到底是好还是坏呢?所以不如明确告诉老板你有这个能力、有这个贡献,所以想加薪。收入和酬劳成正比才是职场老板和职员相互维系关系的核心原则。如果永远都是

PART 06 就事论事：以目标为核心的情景沟通训练

想让马儿跑，还不想让马儿吃草，甚至是你就愿意做一只不吃草的马儿，那你怎么能做得下去呢？所以在职场中加薪是一个正常情况，咱们千万不要不好意思，当然如果天天啥都不干，工作能力又不行，还经常给这个组织、这个企业造成很多问题，那你说要加薪就是自己打自己的脸。

我们在这个环节里面就要谈到，当你具备一定能力而且想要加薪的时候该怎么去做。在谈加薪之前你要首先做好一个准备工作，就是你要有足够的心理预期。什么叫心理预期？就是你大概准备加多少，比如说：和你同级别的人，别人拿的都是8000，你非要去加个8万，你说这事是不是不靠谱？你说我加到1万或者是加到9000，这都是情有可原的，所以要有一个心理预期。当然也要做好失败的准备，如果你去加薪，跟老板谈了，老板直接拍着桌子说："最近公司没钱，你想咋的！"你说："那我不干了。"这就是自寻死路，所以你大概准备加多少，如果老板砍价，你准备砍到多少？这跟谈判过程一样，要有一个底线，或者有几道底线，你可以慢慢去退或者慢慢去进。根据对方的情况,根据这个预期再去谈。

加薪时机把握好

谈加薪的时机很重要。首先你要找老板心情比较好的时候,不能在老板心情很糟糕的时候去谈;其次,还要看一看公司的文化、公司的性质、公司的惯例能不能谈加薪,有些公司谈不了加薪,比如说:国企、央企、事业性单位;第三,如果你要选择谈加薪,最好选择在周三的下午去谈。因为周一大家刚刚上班,会议较多,心情不好,还有很多任务堆在那儿。而周五的时候大家觉得要放假休息了,这个时候没有人愿意跟你再谈工作上的事,或者即使你周五跟他谈了,对方很轻松,但你的事现场解决不了,可能又要拖到周一再来谈。所以在周三这样一个中间位置,前面的工作处理得差不多了,后面还可以展望一下未来,而且下午是一个比较容易让大家放松的时间,去谈一谈比较合适。

功劳苦劳要说好

在跟你的上级或者领导谈加薪的时候,功劳苦

PART 06 就事论事：以目标为核心的情景沟通训练

劳都要说。只说苦劳或只说功劳都不好，可以适度表达你做了多久，兢兢业业地干了些什么，要把你的态度展现出来。虽然目前可能成绩不是很好，但态度要足够端正，有很多企业很看重一个人是否忠诚、是否稳定，会把忠诚和稳定放在第一。苦劳要说，那功劳就更要说，因为功劳是你的价值所在，要把你的价值明显地、清晰地呈现在领导面前。这个价值怎么来体现呢？多摆事实，少说感受。什么是事实？比如，我在某年某月的多长时间之内，给公司带来了多少利润，这个利润是通过哪些项目来完成的。这就叫作摆事实。公司是一个商业组织，而所有商业组织都是以生存、盈利为第一目标的。什么是盈利？就是利润，你是怎么帮助公司来得到利润的。你如果是一个非销售人员、是一个后勤人员，那要把你的利益和价值，做一个表达和置换。你为公司招聘了哪些人才，在你的工作岗位上帮助员工解决了哪些实际的问题和困难，等等。这些都可以换算成具体的数字和功劳，把你的功劳一件一件呈现在领导面前。

开门见山表达好

除此以外,表达要切记开门见山。什么叫开门见山?你不要进去之后犹犹豫豫地说:"领导,最近公司忙吗?最近您怎么样?"这时没有必要拉家常,直接去说:"领导,今天下午我想跟您谈一谈加薪的事情。"摆明车马之后再来谈,因为很多领导经验丰富,你不说这事他就当不知道,他就一直压在那,不愿意主动给你谈加薪的事。当然如果说这个领导认可你的价值、知道你的功劳,还依然装糊涂、不谈加薪的事,那也不用过多地跟随他了,因为这样的一个领导也做不久的。因为他不明白基本商业利益的价值交换。所以当你摆明车马之后,再来跟他谈就好谈多了。

加薪一定要摆明车马,开门见山。千万不要犹豫,更不要扭扭捏捏。一旦你自己扭扭捏捏,领导就会想:他到底要不要加薪,还是只是要跟我诉说下近期的工作状况?领导会有很多想法。开门见山地去跟领导谈,当然,你不能逼迫领导。比如说常见的一

PART 06 就事论事：以目标为核心的情景沟通训练

些比较愚蠢的招数：您看某个同事他拿多少多少，为什么我只拿这么一点？这一下害了好几个人。因为一般公司的工资都是保密的，你为什么能知道；再说，别人拿多少，与别人的能力和别人的功劳挂钩，和你有什么关联；你更不要拿自己和外界的工资去比，你说别人给我一个Offer，多少多少工资。当这样一说，领导就觉得你已经心猿意马了，给你加不加都无所谓了。所以有一些底线，咱们千万不能触碰。

描绘未来很美好

最后一点就是：谈加薪不仅要谈你的过去，更要谈未来。例如这次加了薪后，准备在工作岗位上如何更好地继续做下去、有什么样的打算、有什么样的计划、在未来的一年或者半年能给公司带来更多什么样的收益和利润。这样有过去、有现在、有未来、有情绪、有事实、有数据，几者结合去谈加薪，想不成功也很难。

掌握三原则,理性化解职场尴尬

很多刚刚进入职场的小伙伴经常会问我这样的问题:老师,我在刚入职的时候发现其他的同事都抽烟,但是我不会抽,这时要不要和他们一块去抽烟呢?要不要学一下呢?老师,我今天端了一个餐盘,跑到餐厅去,发现其他的同事都已经坐满了,唯独领导一个人坐在那,并且他已经看见我了,我到底要不要端着餐盘过去啊?端着餐盘过去,好尴尬啊!在职场当中,会出现各种各样的尴尬情况。很多小伙伴不知道如何去面对,所以我们来聊一个有意思的话题:如何有效地化解职场尴尬。这是一个高情商、高沟通能力的行为。分享三个常遇到的尴尬场景:

夹心饼干

有一个基层员工,由于家里发生的急事向他的

PART 06 就事论事：以目标为核心的情景沟通训练

直接领导请一个星期的假。中层领导已经许诺说没有问题。这时，大领导正巧来了，就是中层领导的领导，他正好听到员工请假的事情，当即一拍桌子说道："最近公司项目这么忙，还批你的放假休息，不批！"当时员工和中层领导，两个人的脸都绿了。

那么在这种情况之下，如果你是这位中层领导，你会怎么做？上级当场驳了你的面子，下级直接看见你威信全无，承诺和信用也没有了。当然类似这样夹心饼干的职场境遇还有很多，比如：你的方案被人否定、你的提议被人否定、你的决策被人否定。这时千万不要恼羞成怒，我曾经见过在会议决策过程当中，自己辛苦准备的一个想法、一个决策、一个计划，被领导给直接拍板否决了，当事人现场就把方案往桌上一扔，说道："你们自己去弄吧，我不管了。"随即摔门就走了。这种表现在职场中是大忌，是没情商、没脑子的表现。绝对不能当场和对方产生这样一个辩驳和冲突。当然，现场也不要就这个事情去进行太多的争论。比如：那你说一说凭什么否决我？你为什么不给他放假？这是我的员工，我可以做决定等。不要现场产生任何的冲突，也不要做任何的解释。现场先承诺下来，毕竟对方比你的职位要高，这是我们之前提到过的现场服从，当服从完之后，你可以做双方沟通。

化解上面夹心饼干案例的做法是：首先，要道歉。你答应员工的事情没有做到。第二，你可以说："我们是不是可以来共同想想办法，我再去努力协调一下。"把自己和他放到同一个阵营。我们之前分享过的NLP先跟后代策略，就是当你和对方有不同立场的时候，你可以和他共同站到一个立场上，再来解决问题，增加彼此的情感连接。第三，你可以回头私下跟你的领导沟通，说明下员工家里的情况，同时提出你的想法和感受。同时你再跟他说："领导，如果您不批，可以在私下里来告诉我。这样当着我的员工说了之后，可能员工心里会对我有不服从、不认可，甚至产生一些负面的印象，导致未来的工作不好开展。"相信对于一个理智和明智的领导来说，当你这样私下有理有据地去跟他沟通的时候，他一定会

PART 06 就事论事：以目标为核心的情景沟通训练

接受你的意见。

电梯偶遇

一些刚刚入职到一家新公司的小伙伴，在电梯前遇到一个关系不太熟的同事，并且你们可能还要同乘几十层的电梯，并且电梯里就只有你和他两个人时，你该如何化解尴尬呢？

在化解电梯偶遇尴尬之前，先跟大家来分享一个概念，叫作情绪的感染性和传染性。我们会发现：在听一次演讲时，台上的演讲者如果挥洒自如、非常轻松，你好像也会很轻松，很能被他带动，但是如果台上的演讲者自己就特别紧张、思路不清晰，坐在台下的你也会觉得有点尴尬，这就是人与人之间的情绪场。

情绪场是相互感染和流动的，如果双方中有一方产生尴尬，另一方就能感觉得到，所以如果你确认尴尬不是从你这来的，我们就可以知道是对方在尴尬。如果是对方尴尬，那么我们要化解对方的尴尬。

如果是自己尴尬，我们就要化解自己的尴尬。那我们为什么会尴尬呢？第一，我们会对自己的评价比较低；第二，我们会在意别人对我们的评价；第三，我们太在意自己的一言一行，会对对方对我们的评价做一个预先的估计。可能你会想：我现在不跟他说话，或者我现在跟他说错了话，他是不是会对我有意见？他是不是会不喜欢我？

既然我们了解了情绪场的概念，我们该如何化解电梯偶遇的尴尬呢？首先，我们千万不要在电梯或者这样的封闭空间里什么话都不说，什么话都不说是一个非常尴尬的场景，当然如果你跟对方说话，对方明显没反应、很冷淡，那就不用说了，但起码我们要打个招呼。比如：张总好！我是谁谁谁，要做一个基本的自我介绍，如果你们平时没有什么沟通，可以用开放式的提问打破尴尬。什么叫开放式提问？就是问一些以前都没有机会聊而今天正好有机会聊的话题。比如：您是哪儿人啊？这是个不涉及隐私而且非常有开放性的问题，不会对对方造成什么威胁。当对方一回答，我们的套路就来了，您是那个什么什么地方啊,那我听说过或者我去过,或者说我一直想去那个地方,但还没有去过。国内很多地方和城市,除非你真的从来没有听过,相信大多数城市大家都是知道的。你可以谈一谈你对那个城市的感受和想法,以此拉近距离。也可以让他简单介绍一下,当然如果你真的不知道,可以说:"恕我孤陋寡闻,我还真没听过那里,您能简单讲一讲吗?"通过这样一环又一环的提问,让他和自己都不会特别尴尬。因此我们可多采用开放式提问,在封闭式空间里面来进行交流和交谈。最后就是结尾,当你离开的时候,可以礼貌性地微笑点头致意,说这一次聊得不尽兴,下一次咱们约个时间好好聊聊。从头到尾都非常从容淡定、有礼有节,通过这样的方法来打破封闭式尴尬场景。

说曹操 曹操到

有时候我们会遇见这样的职场尴尬场景:同事间在一起午饭、聚餐或是比较放松的情况之下,会聊一些公司八卦的话题,特别很多女孩子的时候。大家喜欢说那个领导是谁谁谁、是有怎么样,那个同事怎么样等,如果不巧,就会说曹操曹操到,一扭头发现他站在你的背后。如果这个时候你在夸奖他,反而没什么事,如果你正在说一些他的负面评论或者对他表示一些不太好的事情,是不是就尴尬了?

如果遇到这样的情况,我们又该怎么办呢?这个时候你解释得越多,就代表着掩饰越多,反而会让对方更加愤怒。这个时候我们应该做的就是诚恳地道歉。你可以说:"其实我以前很想单独找您沟通,一直以来我也知道自己有这样一个喜欢背后说人闲话的小毛病,一直也没有改。今天真的意识到了,我诚恳地向您道歉。"然后在未来的工作当中,你可以更多地去表达善意和关怀。当然这是一个无解题。如果产生了,唯一能做的就是道歉,未来更好地去向他表达你的态度。当然,一般这样的第一印象或者这样的尴尬印象留下之后,你也不要过于关注或者是把注意力和精力放在他身上了,因为你们的基础关系已经被破坏了,这个是很难修复的。与其在一段已经破坏掉的关系上维系,还不如更多地投入精

巧妙化解电梯偶遇的尴尬

和领导在电梯里偶遇是在职场中常遇到的尴尬场景。如果这种情况发生，我们首先要放平心态，放松心情，其次是可以通过开放式提问的方式打破尴尬，最后不要忘记在离开时微笑点头致意。

力发展新的关系,但要记住这段关系要更加的小心翼翼一些。

三个原则 化解职场尴尬

以上就是职场当中的一些尴尬情景。如果遇到尴尬情景了,要记住这三点:第一,要镇定,保持自己的这种状态,不要怒发冲冠,也不要过于尴尬得汗流浃背;第二,尽量地用一些提问和真挚的情感去与对方沟通,不要因为你的尴尬而影响对方;第三,如果已经产生一些尴尬情况,或者一些比较糟糕的情况之后,真诚地去进行道歉和认错或许还能够修复一部分与对方的关系。希望这些技巧和方法,能够真正帮助你在职场中成为沟通达人。